How the West was Lost
Fifty Years of Economic Folly - And
the Stark Choices that Lie Ahead

西方迷失之路
西方的经济模式是错误的

丹比萨·莫约 (Dambisa Moyo) ◎著

内容提要

随着对中国的"大国崛起"的炒作，对现代西方人而言至关重要的情形却正在被忽视：美国快速增长的非熟练工人、失业人员以及对政府不满者，正威胁着美国的财富和地位。

在《西方迷失之路》中，《纽约时报》畅销书作者兼经济学家丹比萨·莫约阐明了短视的决策如何使得经济翘板从美国向新兴世界倾斜。她认为，面对这一迫在眉睫的灾难，美国可以选择继续保持对国际经济的开放，或者选择闭关锁国，采取保护主义政策，从而为其解决这些普遍存在的结构性问题赢得时间和空间。

《西方迷失之路》一书不仅精辟地揭示了导致西方国家经济衰退的政策短视，而且富有启发性地提出了关键的、根本的阻止这一衰退的政策行动。

题记

　　一名高级业务主管讲过这样一个故事：在一次会议上，一位西方著名电话公司的负责人吹嘘自己公司无所不能，并且正在进行尖端技术创新。他滔滔不绝，不断吹嘘自己公司的规模、取得的成就和创造的辉煌。人们对他的演讲报以热烈的掌声。接着，中国知名企业的负责人也发表演讲，他直接指着那个人说："他们公司能做的，我们也能做到，成本少用40%。"说完他就坐下了。

目　录
Contents

序　西方在沉沦　东方在崛起 …………………………………… 001

导论　什么是西方繁华的驱动力？ ……………………………… 001

上篇　西方经济增长的血液在衰竭——错误的资本配置

第一章　从资本的本性说起 …………………………………… 013

第一节　什么是资本 / 013

第二节　资本的血液在东方涌动 / 015

第三节　最有钱的国家其实不在西方 / 022

第二章　西方现行经济制度存在重大缺陷 …………………… 027

第一节　政府忽视风险偏好的致命错误 / 027

第二节　错误在房地产市场的蔓延 / 038

第三节　美国经济制度三个根本缺陷 / 052

第三章　负债消费的观念是致命根源 ………………………… 056

第一节　负债消费的生活方式种下孽根 / 056

第二节　"杠杆"效应使债务不堪重负 / 063

第三节　次贷危机的根源 / 075

中篇　劳动力和生产率被扭曲的西方世界

第四章　劳动力的不合理配置 089

　　第一节　西方养老金制度将陷入最大的"庞氏骗局" / 089

　　第二节　西方劳动力质量危机 / 101

　　第三节　西方扭曲的劳动力市场 / 113

第五章　西方国家全要素生产率的增长开始终结 123

　　第一节　全要素生产率是关键 / 124

　　第二节　亚洲将引领新一轮科技浪潮 / 135

下篇　西方的沉沦　东方的崛起

第六章　新兴国家比老牌西方国家强在哪里？ 147

　　第一节　新兴国家的优势 / 147

　　第二节　从中美两国的 GDP 构成说起 / 162

第七章　以中国为代表的东方顽强地崛起 178

　　第一节　能源和疾病的挑战 / 178

　　第二节　西方自由主义经济制度的破产 / 191

　　第三节　30 年后的中国和美国 / 198

结论 213

致谢 216

参考书目 218

序
西方在沉沦　东方在崛起

2008年7月9日，纽约的地标性建筑之一——克莱斯勒大厦——被某外国政府以8亿美元的价格收购。从此，这座象征着美国精神以及美国的力量和工业成就的大厦被外国人收入囊中，而这个"外国"，既不是英国、德国，也不是法国，事实上不是任何一个西方国家。这个国家来自快速崛起的东方，他们正在威胁着西方500多年的霸权地位。这就是阿布扎比主权财富基金（Sovereign Wealth）①。仅2008年上半年，中东投资者就在美国花费了180亿美元的巨资进行商业资产收购，克莱斯勒大厦的收购就是其中一例。这种收购活动既不是第一次，也不会是最后一次，实际上，在2008年金融危机以及由此引发的资产价格崩溃以后，这样的购买案只会越来越多。②

《西方迷失之路》讲述西方经济强国，究竟是如何沦落到眼睁睁看着自己的财富、政治地位不断下滑，以致于渐渐失去以往他们努力追求的一切：在经济、政治和军事上的全球支配权。③有三个原因导致了

---

① 所谓主权财富，与私人财富相对应，是指一国政府通过特定税收与预算分配、可再生自然资源收入和国际收支盈余等方式积累形成的，由政府控制与支配的，通常以外币形式持有的公共财富。译者注。

② 这不可以被解读为提倡资产保护主义，这仅仅是一个不断发展的经济趋势。

③ 虽然相对于全世界的人来说只有很少的人生活在自由、民主之下，但不容置疑的是，由美国领导的西方政治理论和经济霸权描绘了过去50年的特征。

优势地位的这种逐年加剧的削弱。

首先,由于目光短浅的政治军事策略,西方(主要是美国)逐渐同正在崛起的东方诸国分离开来,而这些东方国家已经成长为他们的劲敌。尽管这些国家仍然和西方国家进行贸易往来,但是他们对西方怀有敌意,彼此缺乏信任。这种状况必然导致两极对立,而不是友好的合作。一旦经济利益消失了,真正的危险就会到来:当这些新兴国家和西方不再有利益关系的时候,就会抛弃西方。

其次,托马斯·弗里德曼描述的"世界是平的",即交通运输、通讯和制造业成本的降低,使得技术的传播变得更加容易。实际上,西方的经济技术优势使这一点成为可能,其自然的结果就是优良的工艺流程和管理模式普及到世界各地。这些曾经被西方国家垄断的科技优势如今却成为世界各国的普遍做法,并且这种普及还在继续。

不过,本书关注的却是第三个原因。我在书中重点讲述的是,世界上最发达的国家如何通过一系列愚蠢的经济政策,败坏了自己坚不可摧的霸权地位。正是这些经济政策导致了东西方的经济和地缘政治拉锯,以及优势渐渐向新兴国家倾斜。[1]除非西方国家在下一个十年里进行彻底的经济改革,否则,掌控全球经济地位的大权将很快被中国、印度、俄罗斯或者中东抢走,而今日的发达国家,不久就会变成落后国家。

2008年,全世界经历了一场前所未有的金融危机。一波又一波的金融风暴,摧毁了西方的金融体系。似乎每一天都有新的灾难发生。在短短三个星期的时间里,美国银行系统最坚强的后盾雷曼兄弟银行

---

[1] 经济增长(收敛)理论指出,一些国家考虑到其贫困程度,将倾向于高速增长,以便能"赶超"经济发达国家的经济水平,因为较贫穷国家的经济改善必然有助于全球稳定,而这种全球稳定符合所有国家(包括较富有国家)的利益。

倒闭了，抵押贷款公司房利美和房地美不得不国有化。与此同时，世界上最大的保险公司美国国际集团（AIG）也面临生存危机（美国政府花费850亿美元巨资才将它捞出水面）。而在2009年，英国政府用于援救银行巨头劳埃德银行和苏格兰皇家银行的花费就超过了1.4万亿美元（合8500亿英镑）。从纽约到伦敦，到雷克雅未克，以及其间的许多地方，数十亿的资金都被用来拯救股市，数百万人的养老金和储蓄款岌岌可危。

不管2008年金融危机的破坏力有多大，本书的主旨都不是讨论这场危机的直接原因。毫无疑问，这场席卷全球的金融危机，就像海啸一样，突如其来，所到之处，死伤遍野。然而，这次海啸却是表面平静的大海深处的经济构造板块运动断裂的必然结果，尽管西方经济在这片平静的金融海域航行了半个世纪。①

不过，与海底的构造板块不同的是，如果西方国家能够及早发现经济政策的缺陷，并及时解决，2008年的金融危机或许就不会发生，至少不会如此惨烈。这次金融危机是西方国家在过去50年里一连串错误的经济政策不断积累而达到的高潮，也是自大萧条以来最严重的一次金融危机。即使现在以美国为首的大多数西方政府依然没有在金融风暴中惊醒，错误的经济政策还在这些国家充当着"救世主"的角色。

这次席卷全球的金融危机，绝对不是一个孤立事件，不是经济史上的小插曲，此次危机牵扯甚广，打击面很大，多数西方国家都难逃厄运，但是东方的国家却仅仅受到了皮肉之伤，这意味着世界经济格

---

① 当然，目前这个形式的自由放任的资本主义，可以说是仅存于20世纪80年代以来的英国首相玛格丽特·撒切尔和美国总统罗纳德·里根的时代。

局的重要转变——西方在沉沦，而东方在崛起。①

对于许多政治学家而言，这一转变涉及霸权的问题。对于他们来说，不论我们是生活在单极世界（比如，美国霸权）、两极世界（冷战时期），还是多极世界（多种意识形态并存），涉及到的都是世界支配权的问题。

但是从经济学家的角度出发，谁掌握了金融霸权，谁就能控制世界的政治和军事！尽管目前世界上存在着一些国家像丹麦、瑞典和挪威这些北欧国家，在政治上谋求"中立"，经济上"自给自足"，似乎谁掌控世界金融霸权与他们无关，其实不然，这些国家现在保持这种态度，那是因为现在的国际金融秩序给他们提供着足够的氧分，一旦新的金融霸主出现，金融秩序必将会改变，那么新的金融霸主不管是中国、美国或者是俄罗斯，这些"中立"国的态度一定会改变，群起力求维系适合自己的国际金融秩序。

显然，将经济和政治割裂开来是不明智的。实际上，经济和政治是结合在一起、密不可分的。在这本书里，我将着重描述世界的经济转变，以及这种经济转变是怎样改变了我们以及子孙后代都要生活于其中的世界。

时间非常紧迫，如果西方国家还不能进行彻底的经济改革的话——本书中提出了一些经济政策——一切都将来不及了。不是因为中国越来越富强，而是因为美国的经济决策存在着严重问题。然而，西方国家怎么能舍得放弃自己的霸权呢？

---

① 很多人认为，政治霸权和经济优势更可能出现在中国、印度、巴西或者中国以外的亚洲国家，而不是出现在俄罗斯或者中东。

导论
什么是西方繁华的驱动力?

曾经的西方,拥有一切:财富、政治智慧和军事力量。它知道自己该去哪里,也有能力到达目的地。葡萄牙、西班牙、荷兰和英国将这种优势保持了500年。不过,到了20世纪后半期,续写这个神话的是美国。[①]

无论是从诺曼底登陆开始,还是从广岛核弹爆炸开始,在第二次世界大战末期,号令全球的指挥棒就从大不列颠帝国的手里传递到美国手中(无论是经济、政治,还是军事上)。尽管冷战持续了近50年,美国还是稳稳占据最重要的战略位置,统领全球50余年,直到进入21世纪。

当然,二战前,美国还没有从1929年的经济大萧条(1933年,纽约股票交易所的股票价值比1929年最高值的20%还要低,而失业率也飙升到25%)和一战的创伤中恢复过来。尽管没能结束30年代的经济危机,但是罗斯福总统的新政在努力重建美国的资本主义体系,并且让政府这只"看得见的手"开始发挥积极的作用。其核心内容是,美国政府仍然支持自由市场,不过,政府开始发挥作用:协调、监管和引导迷茫的经济形势,引导私人企业、管理大企业。这些措施都使

[①] 虽然有以冷战形式进行的对抗,以及日本经济帝国主义带来的威胁,但是美国的解决方案更胜一等。

► How the West was Lost

得美国政府有能力在大萧条时掌控局面，摆脱对西欧国家的依赖。①

这样，尽管仍有不完善之处，但到二战爆发的时候，美国已经在工业、军事以及制造部门展现出强大的经济优势了。从这个意义上来看，二战不仅仅具有政治和军事上的必然性，也是一个经济机遇，而美国已经做好准备来应对了。

例如，罗斯福总统1941年签署的《租借法案》，规定在必要时可向盟国售卖、交换、租赁或者借出任何防卫物资。在这个计划中，从1941年到1945年，有价值50亿美元（相当于2007年的700亿美元）的武器通过航运送往被围困的盟军手里，这些武器包括战舰、枪支、鱼雷船、潜水艇，甚至还有战靴。在实施《租借法案》之后，欧洲许多国家都成了美国的债务国（50年后，2006年的最后一天，英国向美国支付了高达8,383万美元的租借贷款）。二战之后的50年代，美国经济发展到顶峰，它成功地向欧洲卖出了大量的武器和战争物资，并且使这些国家都成了它的债务国。正是因为《租借法案》，美国一跃成为世界一流的制造大国（当然，马歇尔计划完全是另外一回事）。②

美国的这种举动是经济智慧指导下的政治行为。大量制造出来运往国外的战争物资绝不仅仅是一种援助盟国的政治行为，还极大地刺激了美国的经济。实际上，这种"伟大的美国发明"还在持续地发挥影响。正是整个世界对物资的需求，使美国摆脱经济低迷，成为庞大的世界制造工厂。

到1944年底，美国国内劳动力的失业率已经降至1.5%，——这

---

① 有关新政的负面特征延缓了经济复苏的说法，也有大量文献进行说明。
② 更多关于《租借法案》的详情参见 http: //en.wikipedia.org/wiki/Lend-Lease。

是历史上的最低水平（在大萧条最严重的时期，美国有 1500 万人失业，占国内劳动力的 1/4）。国民生产总值从 1939 年的 886 亿美元上升到 1944 年的 1350 亿美元，以每年 8.8% 的速度增长。这些都是制造业带来的美景，而且科技也得到迅猛发展。而此时，地球上大部分地区还都狼藉一片：日本穷困潦倒、欧洲破产了，连大英帝国都不名一文，美国成了当之无愧的经济强国。①

对于美国来说，唯一遭受损失的是人口，不过比起其他参战国而言只是一个很少的数目。二战中共有 7,200 万人失去生命，其中美国失去了 416,800 人，占美国人口的 0.32%。然而，美国却轻而易举地取得了政治、军事和经济上的成功，可以说，美国在二战中大获全胜。

二战使美国迅速崛起。历史学家阿兰·米尔沃德这样写道："比起 1941 年，1945 年的美国显示了无与伦比的经济实力……美国到 1945 年时建立的经济基础，为在之后的 25 年里称雄世界提供了保障……（这）也许是二战带来的最有影响力的结果。"

一直到 50 年代中期，美国一直在为欧洲和其他国家的战后重建提供资金，同时确立了自身作为文化价值和科技知识的重要输出国身份。美国的世纪即将到来，事实的确如此。

美国不仅没有遭受战争的伤害（节约了巨额资金用于基础设施的建设），还赢得了战争，它对盟国的资助和马歇尔计划（时至今日，美国总共向欧洲提供了价值 1000 亿美元的资助）的制订，都展示了美国巨大的经济能量。

克里斯托弗·塔萨瓦这样写道："……战争时期的工业扩张使美国

---

① 俄罗斯获得了很多领土，但是失去了很多生命。

的经济实力大增,成为世界上最富有的国家,美国领导人决心使美国成为战后世界的中心。"尽管冷战持续了近50年,这种战略最终还是得以实现。没有太大损失,神奇地崛起,世界上没有任何一个国家能与美国相比,世界是美国的。

美国经济的高速发展带动了社会各个方面的进步,这种勇气、这种自信以及这种精力渗入到每一个人的行动中,并在接下来的50年代和60年代充分展现了出来。在政治上表现为社会意识的觉醒和民权运动的兴起;在文化上,音乐、文学以及美术蓬勃发展;美国在科技领域的革新成果,是将人送上了月球并推进了原子弹的进一步研究。

曼哈顿工程[①]的成功和核武器竞赛中的优势都在向世人宣布:美国的科学技术在西方世界遥遥领先。从1950年到1960年,美国的出口贸易额从9.993亿美元上升到19.626亿美元,出口的增长有赖于固定资本形成总额[②]的增长,而美国的固定资本形成总额从1950年的580亿美元增加到1960年的1040亿美元。

50年代以后的30年里,美国在各个领域都发挥着巨大的影响力,从庞大的工业集团,如通用、福特、美孚石油、IBM、联合果品公司、陶氏化学,到好莱坞的电影工业和以摩城唱片公司为代表的音乐商业,都是美国精神在国内外强大影响力的表现。然而,它的影响绝非只停留在商业领域。

通过1961年建立的"和平部队",美国开始确立自身的道德权威,

---

① 是美国陆军部于1942年6月开始实施的利用核裂变反应来研制原子弹的计划。译者注。

② 固定资本形成总额,是指常住单位购置、转入和自产自用的固定资产,扣除固定资产的销售和转出后的价值,分有形固定资产形成总额和无形固定资产形成总额。译者注。

向全世界的异文化领域输送年轻人来传播美国的价值观。"通过和平部队促进世界各国的和平和友谊,为了能对接收国和地区有益,美国把受过训练的年轻人送到国外提供志愿服务,有时在艰苦的条件下,给当地的人们提供各种培训,以帮助他们实现自己的需求。"当然,美国绝不仅仅只通过和平部队来输出自己的价值观,对朝鲜和越南发动的战争给美国的道德涂上了污点。美国越来越胆大妄为,不过,他在国际世界具有独一无二的影响力却是毫无疑问的。

总之,这个时代属于被美国记者汤姆·布罗考称为"最伟大的一代"的那些人,他们从二战战场上归来,将美国建设成为世界上最伟大的国家,在此后的五十年里依然保持这种辉煌——美国就是财富、权力和优越文化的代名词,他的触角伸向世界各地。西方的其他国家都绕着美国转,他们被美国的力量和辉煌吸引住了——美国就是太阳。

无论是好时光,还是坏时光,美国都经受住了考验。20世纪70年代的石油价格上涨,到80年代的债务负担和华尔街危机,甚至是苏联解体、东欧剧变导致的世界经济紊乱都没能撼动美国的根基。美国通过自己的军事实力,自由市场资本主义助推下的工业能量,以及文化霸权,给那个时代打上了"美国制造"的烙印。

然而,时至今日,事情发生了变化。西方国家正面临沉重的金融灾难,人口老化,资源匮乏,政治不得人心,他们从未想过会有今天的状况。尽管以往也遇到各种危机,比如20世纪八九十年代的储蓄借贷危机,但是这次金融风暴和美国一贯实行的经济政策却表明,美国对于西方世界的吸引力在快速减弱。美国的金融开始萎靡,经济体系不堪一击,就像坏死的血液一样,感染到西方其他国家。尽管如此,仍然有理由相信,未来若干年中,就"西方世界"而言,美国的经济实力还是比欧洲诸国强些。然而，相对于许多"新兴暴发户"而言，呈现着下降趋势的经济增长呈下降趋势，正是西方沦落（包括美国）的一种表现。

在经济学看来，是哪些因素带动了经济增长？

关于工业化的西方似乎不可避免的经济衰退（尤其是美国）和世界"其他国家的崛起"（以中国为首）已经有太多的讨论，这些讨论大多集中在帝国主义的历史模式以及战略和军事的方面。然而，经典的经济发展理论也为这一讨论提供了很好的观察视角，它揭示了西方国家如何持续地不当配置了各种本能保持经济长期持续繁荣的关键因素，而导致了经济的衰退。

经济发展理论的演变，非常有趣，不过本书限于篇幅，不能详细讨论，这个理论近期在经济学文献中的讨论始于哈罗德·多马的构想，他将经济增长视为一个变量－资本的一次函数。

1956年，美国麻省理工学院教授罗伯特·索洛在这个单一投入模型的基础上增加了一个变量——劳动力，他认为，劳动力在经济增长中也发挥了关键性的影响。由于"对经济发展理论的贡献"，索洛在1987年获得了诺贝尔经济学奖，之后很长一段时期，索洛模型——资本和劳动力共同决定经济增长的理论——成为宏观经济学教材中的一个重要理论。

然而，奇怪的是，当这个看似合理的解释运用到实际中时，却发现它只能解释一国经济状况40%的原因。这个模型中缺少了一个因素，而且还是非常关键的因素。这个当时未被发现的因素叫做全要素生产率，它是一个综合性概念，主要是指"生产活动在一定时间内的效率"，是衡量单位总投入的总产量的生产率指标，主要包括了技术发展以及不能被资本和劳动力涵盖的其他因素，比如文化和制度。这样，经济发展理论就确定了三个决定经济发展的因素：资本，劳动力和全要素生产率，①这三者是驱动经济增长的活塞。合理配置这三种要素，就能产生无限的经济能量。

恐怕没有比美国1969年7月实现人类登月这件事更能显示这三者结合产生的巨大能量了。自从1961年肯尼迪总统向苏联提出了挑战，在不到十年的时间里，美国就实现了人类登月，这是何等的壮举！由于受到苏联似乎更先进的太空技术的刺激——第一颗人造卫星（1957年），第一个进入太空的生物莱卡狗（1957年），第一个进入太空的人尤里·加加林（1961年），肯尼迪的一番话道出了时代精神："我们选在这个十年里登月，以及所做的其他事情，不是因为容易做，而是因为难做。"

阿波罗计划的历史、人物，以及冒险精神，是美国（以及世界）历史上最光辉的时刻之一。②同时，它也是资本、人力和技术结合的绝佳范例，每一种要素都各尽其用，完美结合在一起。美国既有资本也有人力，最重要的是，他还拥有技术。事实和数字能充分证明这一点。

关于资本，阿波罗工程的成本是个天文数字。美国国家航天局（NASA）的年度预算从1960年的5亿美元飙升到1965年的65亿美元——占当时联邦年度预算的5.3%（今天联邦年度预算的5%大约是1,250亿美元）。顺便提及，越南战争估计花费1,110亿美元（相当于2008年的6,860亿美元）。总共算下来，阿波罗工程的最终成本大约相

---

① 在经济学中，柯布-道格拉斯生产函数描述的是产量与投入、增长与资本、劳动力和技术之间的关系。

② 阿波罗计划的详细信息参见http：//www.asi.org/adb/m/02/07/apollo-cost.html。

当于 1969 年货币的 200 亿到 250 亿美元之间（相当于 2005 年的 1,350 亿美元）。

资金只是其中一项挑战，要实现登月的伟大目标，美国还必需具备另外两个重要条件：人力和技术。幸运的是，美国全都有。

为了保障阿波罗计划的实施，美国航天局招募了一支庞大的科研队伍，航天局工作人员从 1960 年的 10000 人增加到 1966 年的 36000 人。除此之外，太空计划还需要成千上万的外围科技人员，从 1960 年到 1965 年，为这项工程工作的人员增加了十倍多——从 36000 人到 376000 人！这里的重点不在于太空计划需要如此之多的人力，而是美国确实拥有这么多人力资源。如果没有这么多人才，他们就培养出来。私企、科研单位和大学为阿波罗计划提供了大部分人才，有了庞大的人才队伍才能够创造出高端技术从而将美国送往太空竞赛的前列，也将阿姆斯特朗和艾得宁送往月球——这一壮举经常被视为历史上最伟大的技术成就。

阿波罗工程的技术成就令人叹为观止。世界近 1/5 的人口在观看人类首次登月直播、感慨这种伟大的奇观时，也一定会为这种奇观背后的技术成就感叹不已。登月的奇思妙想，是在经历了十年的反复试验、测试以及经历了无数的挫折之后才得以实现的，从能够将汽车发送到太空的巨型土星号火箭，到能够承载两个 150 磅重的成年人的登月舱，还有数以十万计的各种零部件，每一个组件都必须经过研究、设计、制造和测试，阿波罗组件的庞大和复杂令人难以想象。

然而，还远远不止这些。阿波罗计划还激发了一系列有关火箭和太空飞行器的外围技术领域的发展，比如航空电子设备、电信和计算机技术，以及工程学、统计学、土木、机械和电气工程领域。这就是思想的力量！阿波罗计划的直接技术之外的溢出效应[①]，才是科技发展的真正成果，因为一旦技术被研究出来，任何人在任何地方都可以使用，技术应用的边际成本为零。

登月的想法每个国家都有，但唯有美国有能力实现，他拥有资本、人力和技术，来计划、执行和实现登月。俄国在太空竞赛的初期也投入了大量人力物力，不过随着时间的推移，最终难以与美国抗衡。

美国要实现登月的雄心壮志，这三种要素缺一不可，只要这三种要素配置恰当，就能变不可能为现实。经济的发展和国家的富强都依赖于此，而如果不能恰当配置这三种资源，一个国家的经济不仅可能而且确实会加速滑坡。

到此，已经很清楚了，本书的目的就是想说明，美国的公共政策就是因为弱化了这三种要素的合理配置，从而阻碍了经济的发展。如果不能采用良好的经济政策，美国的经济不仅会下滑，还会一落千丈。

以下各章就将叙述这三种要素分别和综合起来怎样导致了西方经济的滑坡，在分析这三个要素的时候，有两个最基本的方面：它们的数量和质量。要想切中要害，就不能只考虑这三者的数量，它们的相对质量也在决定经济的成败方面发挥了同等作用，它们的质量包括：资本的配置方式、劳动力的潜能和技术的性质。

在最早考虑经济增长问题的时候，人们就认为资本是促进经济发展的关键因素，因此，本书从这个最重要的因素开始讨论似乎比较合理。

[①] 所谓溢出效应（Spillover Effect），是指一个组织在进行某项活动时，不仅会产生活动所预期的效果，而且会对组织内外的人或社会产生其他影响。简而言之，就是指事物一个方面的发展带动了该事物其它方面的发展。译者注。

How the West was Lost

上篇
西方经济增长的血液在衰竭
——错误的资本配置

◎ 从资本的本性说起
◎ 西方现行经济制度存在重大缺陷
◎ 负债消费的观念是致命根源

第一章
从资本的本性说起

第一节　什么是资本

"资本就是金钱,资本就是商品,凭借自身的价值,它获得了增值的神奇能力,它能够生仔,或者至少能下金蛋。"

即便是资本主义最猛烈的攻击者卡尔·马克思也不得不承认资本的巨大威力,毕竟,资本是经济的血液。因此,毫不奇怪,早期的经济学家把资本当做经济增长的唯一动力。

资本包括一切人类认为有价值的物品,从自然物质金、银、土地到房屋、公路、工厂和牲畜。实际上,早在1086年,"征服者"威廉就下令编纂《末日审判书》(又为《英国土地志》)普查英国的经济状况,严格到正如这次调查的一个观察者所说的:"没有任何遗漏,哪怕一片土地,甚至一头牛一只猪也没有漏掉。"[①]《末日审判书》出版的时候,那次调查出来的英国财富共有大约73,000英镑。[②]

[①] 有关《末日审判书》的信息参见 http://www.domesdaybook.co.uk/。

[②] 《末日审判书》的统计数字,参见英国国家档案馆:http://www.nationalarchives.gov.uk/education/focuson/domesday/take-a-closer-look/。2009年,英国国家统计办公室估计,英国资产总值从千禧年之交的4.2万亿英镑上升至接近7万亿英镑,但这没有经过严格查证。

这项调查主要用于估算乡村资产，是当时统计国家财富的唯一途径，类似于今天的资产评估，调查内容包括耕地、犁队、河草场、林地、水车和渔业。其最终目的，是为了给国王一个参考，以便他想赚钱的时候知道往哪里去。

在美国，类似的反映国民经济状况的数据储存在国民账户（NIPA）中。据联邦经济分析局（他们负责制作国民账户）介绍，对国民收入的统计始于20世纪30年代初期，当时，全面经济数据的缺乏，干扰了胡佛和罗斯福总统为应对大萧条而做出的一系列措施。因此，商业部委托俄裔美国经济学家库兹涅茨（他后来获得了诺贝尔经济学奖）制定国民收入的估算方法。这些评估结果在1934年呈交参议院，名为《国民收入（1929－1932）》。

不管资本的定义如何，政府倾向于将资本看做是人造的货币，是冷冰冰硬邦邦的金钱（当然，金钱最初是由贵重金属制成的），以至于现在，资本已经成了金钱的代名词。不论这种说法是否正确，金钱已经成为衡量一个人、一个国家和一个社会的资本量的标尺。任何一件物品的价值就是资本。一个经济体所创造的金钱总额成为一个重要的指标，这就是为什么现代经济学家都喜欢讨论国家的经济产量——国内生产总值（GDP）的原因所在。

资本的一个重要技术区分在于是固定资本还是流动资本，当年的《末日审判书》提供了一个经济素描（指的是固定资本），而GDP计算的是流动资本，它代表一段时期内（一般是一年的时间）一个国家生产总值。举例来说，比如美国的年度GDP大约为15万亿美元，这就代表了这一年美国生产的产品和服务价值15万亿美元，并不代表美国的经济总量是这么多。因此，《末日审判书》的现代版本相当于一个国家的固定资产总值，而不是流动资本的价值（GDP）。

要进一步阐明这个问题，可以这样设想：将一个国家完全铲平，之后在一年之内重建，这样就会表现为高流量低库存的GDP（许多新兴国家和贫穷国家就是这样的情况）。反过来说，一个国家的GDP增长率（流动资本量）也可能是零、负值或者很小，但却可以拥有很高的GDP库存资本量。看看旧时的欧洲和美国（特别是2008年金融危机后）就是这样的情况。另外，应该注意的是，GDP和资金总额并不对等，因为很明显，即便美国拥有最高的GDP，但还是存在资金短缺的问题。

我在这里稍稍偏离一下，为什么要关注GDP呢？这里的关键所在是，西方——主要是美国——的经济下滑大体是由两个因素作用的：这些国家日益面临资金短缺，并且他们的GDP也在不断降低。关注GDP，纯粹是为了使我们能够衡量一个国家的经济状况，以及进行国家之间的比较。

第二节 资本的血液在东方涌动

西方世界的兴衰史可以看做是一部讲述如何看待、储存和消耗资本的历史。在过去的50年里，西方就像是一个败家子，不断地进行盲目消费和不良投资，耗尽了祖先数个世纪一点一滴积累下的家产。如果任其发展下去，半个世纪的败家行为就会毁掉西方统治的500年的积累，使之沦落为亚洲统治全球2000年里的一段插曲。要知道，

> How the West was Lost

早在公元前一世纪时①，中国就发明了十进制，它是今天全球金融和几乎所有测量的基础。

安格斯·麦迪森堪称是历史学家和宏观经济学家的大恩人，因为他公布了无与伦比的经济数据库。此数据库的内容可以追溯到 1500 年，包含了对从旧时欧洲到中国、印度，甚至美国近期的经济增长、人口以及基础设施广度的评估。②麦迪森经济数据库的独到之处正是在于尽可能地追溯过去，在此过程中，不仅真实勾勒出世界经济独立发展的画面，而且描述了随着时间的推移，世界经济体之间是怎样此消彼长的。

沉睡的中国和印度

最让人惊讶的一组数据是 1820 年的世界 GDP 总量。那时，中国在世界 GDP 总量中所占份额达到 32.4%——多于世界上任何其他地区，也高于欧洲（26.6%）、美国（1.8%）和日本（3%）的 GDP 总和。中国经济优势地位的取得，很大程度上得益于西方人对瓷器、丝绸棉布（一种粗棉布）和茶叶贪得无厌的需求，这使得美国从中国进口的产品额度从 1822 年的 36% 提高到 1860 年的 65%。

作为一个经济体，印度经济在 19 世纪早期也有着惊人的增长。虽然印度经济相对于 1700 年——在世界 GDP 中的份额可与中国和欧洲（约 23% 左右）相匹敌——有所下降，但是由于印度是茶叶、棉花、调味品及迅速扩张的鸦片贸易的生产基地，使得它到 1820 年在世界经

---

① 作者说法有误。十进制发明时间远早于此。编者注。
② 安格斯·麦迪森的出版物见 http://www.ggdc.net/Maddison/content.shtml。

济中仍然具有举足轻重的地位，占据世界 GDP 总量的 16%。实际上，从 1870 年到 1913 年，印度有将近 50000 公里的新铁路线建成——大约是纽约到加州海岸之间的距离的 10 倍。当然，这些成就取得于英国在印度殖民统治的全盛时期。

到 1890 年，西方在过去 100 年里的经济优势开始显现出来。伴随着工业革命的汹涌浪潮，欧洲（也许主要是英国）一跃占据世界 GDP 份额的领先地位（占 40%）。与此同时，中国和美国各自占有 13% 的份额。所不同的是，中国的经济在急剧衰退，而美国经济却稳步崛起。在 1820 年到 1890 年的七十年里，中国在世界 GDP 中的份额差不多下降了 40%，而美国所占份额则增长了十几倍，达到 13.8%。

到 1950 年，在我们生活的"二战后"的世界中，一切似乎都结束了。现在，美国和欧洲都正在迅速发展，充当着经济舵手的角色，二者的经济总量占了世界 GDP 份额的 60%——其中美国所占份额将近 30%。与此同时，由于无法阻止经济衰退，中国在世界 GDP 中的份额只剩下 5.2%，几乎到达了谷底（事实上，在接下来的 25 年里，也一直挣扎在 5% 的份额边缘，低迷不前），而印度所占份额只有微不足道的 3.8%（遭受原子弹轰炸的日本的份额更低，只有 3.4%）。

事实上，早在 1949 年，当蒋介石的政府军队全线溃败时，美国国务卿迪安·艾奇森（Dean Acheson）便告诉国会不必惊慌：中国"从不是现代意义上的中央集权国家，共产党即将面临的困难几乎和前任政权一样多"。

到 1978 年，这种对世界的看法，伴随美国和欧洲牢牢把握着世界经济的领航地位，而被进一步确认。像中国一样，印度经济也遭受了一场灾难性的崩溃，其所占世界 GDP 份额跌至底谷，仅有 3.4%。然而，经过更仔细的一番审视后我们发现，当欧洲在世界经济中稳定地保持着 27.9% 的份额的时候，美国却放弃 7 个百分点以支持日本的振兴，而日本正是通过技术革新以及对工人的严格训练，充分推进了其工业化浪潮的到来。对美国来说，消费时代刚刚开始，日本的革新正好满足了这种要求。即便这个时候，西方仍然是世界经济发展的主角，而中国和印度依旧在沉睡。

新兴国家的"经济扩张"

坐落在中国东南沿海的广东东莞，是世界上发展最快的城市之一。东莞有将近 700 万（1979 年只有 100 万人）的人口，到 2007 年已经有大约 15,000 家跨国公司在这里落户。此外，东莞还是最重要的个人电脑部件制造中心之一。中国是世界上最大的玩具制造商和出口商，而东莞（高峰期有 4,000 家企业）是广东省最重要的玩具生产基地，其玩具产量占中国全部玩具产量的 70%。2002 年，中国差不多有价值 30 亿美金的商品出口到世界各地——大部分销往美国——其中东莞的出口量名列第三（排在上海和深圳之后）。

在过去的 50 年里，没有哪个国家比中国的经济转型更深刻和更富代表性了。中国从一个几个世纪以来闭关自守、沉湎于自己昔日辉煌的国家，逐渐成为地球上最强大的经济力量之一。在撰写本文之时，中国已经是世界上最大的出口国，拥有全球第四的 GDP 总量。①

这种现象不只是发生在某一个城镇，而是在中国各地，在世界所有新兴国家，包括巴西、印度、俄罗斯、中东、南非、东欧部分国家，

---

① 2010 年，中国 GDP 总量超越日本，位居世界第二位。译者注。

还有南美，都在或大或小的程度上上演着，并且这名单还在继续壮大。他们的力量和影响力也随之增强，这些新兴力量在世界经济舞台上被赋予了一个集体名词——"其他国家"——以表征他们在世界经济中的地位，从而与西方国家相"抗衡"。假如只是一个国家，西方也许能够"驯服并吞并"它，但是面对着"其他国家"的联合力量，西方不得不尽力应对来自世界各个角落的挑战者的强烈猛攻。这些国家的发展越发自信，实力不断增强，并开始争夺世界经济竞赛的前线位置。

关键的问题是，这将会给西方带来怎样的损害呢？如果新兴国家中数以百万的民众拥有更好的生活品质、更高的经济生活水平，这对美国会产生不利的影响吗？从行业创新和追求进步来实现超越的角度看，也许没什么不好；然而，在资源（如商品、水、能源）拮据的状况下和人口不断增长的环境中（一些预测认为，到2050年，地球上的人口将超过90亿），这就与美国甚至西方的利益相关了。当世界真正趋同成一个"地球村"时，即新兴国家的收入持续上涨和贫困率不断下降，从而接近西方生活标准时，有些东西就可以不计较。在其他条件不变的情况下，世界的趋同必然要以经济的平衡——新兴经济体的经济逢高增长和发达国家的经济逢低下降——为前提。虽然全球化有助于所有国家经济的发展，但是很明显，在同等条件下，几乎可以肯定，"其他国家"的崛起会使西方生活的相对质量下降。当然，正是由于新兴经济体的产品便宜、劳动力廉价以及融资成本低廉，西方国家从中获益良多。然而，新兴经济体收入增长背后是更大的全球需求，这意味着实际成本将不可避免地上涨，而这无疑会导致西方生活水平的相对降低。

再来看中国的情况。1952年，中国在世界GDP份额中所占的比

▶ How the West was Lost

例降至最低点 5%——经历了自 1820 年全盛时期以来连续 158 年的衰退。但是这种不可阻挡的、灾难性的衰退相比于随后的崛起而言根本不值一提。1978 年，中国抛弃了毛泽东时期的高度集中的经济政治思想，转而支持以市场为主导的实用主义（稍后将详细说明），从而在 1978 年到 2000 年的这段时期扭转了经济形势。到 2000 年，中国在世界 GDP 份额中所占的比重超过了 1952 年的两倍，从 5% 增长到了 12%；中国用短短 22 年的时间迅速崛起。与此相应，根据麦迪逊的统计，到 2000 年，美国在世界 GDP 份额中所占比重从 1952 年的 28.4% 开始逐渐下降至 22%。

虽然亚洲国家（如中国）早在 15、16 世纪便已经成为占主导地位的经济强国，但新兴经济体近 50 年来取得的成就更是不可思议——50 年前，这些国家的经济状况尚属默默无闻，而在过去几十年里，他们的经济实现了一致的、全面的、年复一年的增长。他们的经济革命是如此引人注目和无孔不入，以至于几乎无法概括其对人类生存状况和人类生存经验——教育、知识——的巨大影响。

五花八门的统计大量存在，安格斯·麦迪逊（Angus Maddison）勾勒出的美好前景与国际货币基金组织和高盛公司评估的 GDP 份额明细大相径庭。后者认为中国 2000 年和 2006 年的 GDP 份额分别为 3.8% 和 5.4%；而与此同时，美国的份额则为 30.8% 和 27.7%——这显然并不像麦迪逊说的那样引人注目。

话说回来，过分纠缠于那些有分歧的数据，就会忽视数据背后反映出的大趋势，即美国的份额正在下降，而中国和其他"经济暴发户"（如巴西、俄罗斯和印度）的份额正在上升。在一个输赢自有交代的世界，这种趋势至关重要。事实上，2006 年是一个分水岭，因为那时新兴市场经济联合体在二战后第一次超过美国，持有了世界 GDP 中最大的份额（27.4% VS 26%）。

足以表征中国的经济影响力的，不仅包括其在世界 GDP 中所占份额的增长，同时还包括其名义上的财富数量（即该国拥有多少钱财）及居民人均收入（即每人的平均收入）。由于中国非凡的经济增长率，其人均收入已经大幅度地上升。自 1989 年起，中国的经济增长率从未跌破 6%，有时甚至达到 10%。

如果要对 2009 年的世界 GDP 总量进行评估，那么它大约价值 60 万亿美金。这是世界上所有国家——包括富国和穷国——的 GDP 按照美元换算后的总价值。相对于目前全球大约 65 亿的人口，在经济方面，每个男性、女性和儿童的人均 GDP 刚刚超过 9,000 美金（当然，由于收入不均，现实并不是那么回事）。美国在世界财富总量中占据着最大的份额，拥有 14 万亿美金，几乎达到了世界 GDP 总量的三分之一。通过粗略的计算，这意味着截至 2008 年，美国的人均净收入大约为 45,000 美金。

回到 1978 年（那时美国已经是世界上最富有的国家），世界 GDP 停留在 5 万亿美金左右，人均 GDP 只有 22,300 美金。世界银行的评估使得不同国家之间的对比成为可能：美国 2008 年的 GDP 总量达到了 12 万亿美金，人均 GDP 为 38,200 美金。将其与中国做一下比较：1978 年中国的 GDP 总量只有 1500 亿美金，而到 2008 年这个数字激增到 4 万亿美金，人均收入也实现了空前的增长，从 1978 年的 155 美金增长到 2008 年的近 3000 美金。在中国当前的人口数量下，这个数字就已经令人印象深刻了。尤其当意识到在这段时期内中国的人口增加了一个亿的时候，会发现这个显示人均收入的数字真的太惊人了。

> How the West was Lost

对于那些长期以来参与并得益于中国经济繁荣的人来说，他们的个人收入更高，虽然也有数亿中国人（其中很多是农民）的经济境况没有什么太大的变化，但经济趋势在朝着正确的方向发展。

第三节　最有钱的国家其实不在西方

中国经济已经腾飞。犹如它传奇式的烟花汇演一样，其经济增长令人眼花缭乱。在仅仅30年的时间里，中国使3亿人摆脱一贫如洗的困境，并达到可与西方媲美的生活水平——这在世界历史上是前所未有的功绩。在过去的20年中，中国成为了世界上经济增长最快的国家，在1982年超越了德国（世界第三），在1992年超越了日本（世界第二），并在2003年与美国不相上下——GDP相当于美国的73%。在新千年的第一个十年结束前，中国已经在移动电话、汽车、互联网用户、出口方面拔得头筹，在电力消费方面雄居第二[1]，在储备金方面排行第一。在2009年的前七个月中，美国摩根史丹利（Morgan Stanley）银行报告显示，中国的汽车年销售量达到了1230万辆，第一次超过美国。2008年底，中国的百万富翁（以美元换算）数量第一次超过英国，前者为364,000人，而后者为362,000人。

在这势头不减的经济大行军中，并不是只有中国获得了经济发展，

---

[1] 根据美国能源信息署2009年1月出版的《电力年报》所载，2007年，美国的净发电量为41.56亿千瓦时。

印度也是如此。和中国一样，过去的 50 年并不是印度第一次在世界经济舞台施展拳脚，其经济转型也许慢于中国（在过去的几十年里，印度次大陆经济年均增长率达到 5%，虽然这明显低于中国的 7.5%），但是其经济的发展却是始终一贯的。

根据不对称威胁应急联盟（ATCA）估计，在很多西方人眼里仍被视为一个穷国的印度，在瑞士银行存有大约 1.5 万亿美金（未计入的钱比世界其他国家的总和还要多），这一金额超过其外债 10 倍多。同时，印度拥有 50 个亿万富翁。每年大概有 80,000 名印度人去瑞士旅行，其中 25,000 人是常客。他们可不仅仅是冲着那里山顶的空气去的。

根据财务事项的充分披露，俄罗斯在瑞士银行的存款额在排名表上位列第二（4,700 亿美金），乌克兰和中国分别以 1,000 亿美金和 960 亿美金位列第四和第五位。令人惊讶的是，英国是排名表前五名中唯一的西方国家，其存款金额为 3,900 亿美金。

2008 年 6 月 24 日，《金融时报》(Financial Times) 根据市值（市场资本额）计算（毕竟市值是比较相关的标准，而不能仅仅看它是否是大企业集团旗舰），公布了世界五百强企业排行名单。前 10 名中将近一半的公司并不是来自西方：两家来自中国大陆（中石油挤进第二，中国工商银行跃居第六），一家来自俄罗斯[①]，另一家来自中国香港。10 强中有 5 家来自美国，但这种形势能维持多久呢？当西方的公司日

---

① 关于《金融时报》的排名有两点值得一提：第一，相对于它们的 GDP 权重，新兴市场的排名并不那么令人印象深刻，因为名单上只有 59 个国家。事实上，考虑到他们的 GDP 排名，那么就应该有 75—80 个公司来自"金砖四国"，仅这一点就能说明这些国家在排名上的代表性不足；第二点跟外汇走势有关，外汇走势会影响到不同国家市场资本值的定价，但是此因素并未在排名中充分反映出来。

益式微的时候，新兴世界的那些资金充裕的公司却变得愈发强大。

不只是公司发展壮大，在整个新兴世界中，政府——拥有大量的现金储备——在未来几年内将发挥不可估量的作用，并有望重新塑造世界经济格局。虽然中国和印度可能成为最引人注目的焦点，但是大批"潜伏"的资金却是来自在这两个国家之外的更广泛范围。

虽然写这篇文章的时候，中国仅基金储备一项每天就有10亿美金的增长，但在纯粹的现金方面，不管是中国还是印度，都没有占据政府拥有的投资资金储备或者通常所称的"主权财富基金"的前五位。"主权财富基金"的前五名中有三名来自中东地区，这使该地区完全成为和其远东对手一样令人伤脑筋的、咄咄逼人的经济集团。毫无疑问，这在很大程度上得益于石油（在世界已探明的石油储量和天然气储量中，中东地区就分别占了40%和23%）。根据最新统计，前十名的"主权财富基金"中有八家都是来自于"其他国家"，美国此类基金中最大的一家只能艰难攀升至第16名（阿拉斯加永久储备基金，总计370亿美金）。①

没错，美国拥有巨大的资金储备，但是，与新兴世界中的钱归政府"所有"不同，美国大多数的货币储备是归私人所有（在养老基金、保险公司和共同基金一类的机构中）。货币的所有权和监管权之间的结构性差异，在应对2008年金融危机的灵活性和反应速度方面，已经被证明是极为重要的。并且，在经济战略和未来成就方面，这种结构性差异将更为重要。销售商品和拥有大量现金储备终究不能使一国成为强大的经济力量，反倒是物资和货币的所有者将如何处理

---

① 当然还有另一个难题，即地缘政治和西方可能不再拥有地缘政治优势或军事优势的现实——这无论如何很可能会发生，就像核武器会继续在很多国家蔓延一样。

这些钱和物才是至关重要的。①

不久以前，世界各国还在怀疑中国和中东是不是真有可能驰援金融状况不佳的美国。但是现在，一项由埃威塞斯律师事务所（Eversheds）针对600名高级业务主管做的调查表明，今后十年，上海很可能超过伦敦，成为仅次于纽约的第二大全球金融中心；从而在世界金融资本的竞争中成为主要竞争者。同时，这些新兴地区已对处在崩溃边缘的西方失灵的金融机构（以及潜在的、更广泛的经济体）予以了扶持。

阿布扎比（Abu Dhabi）②投给花旗银行75亿美金，中国投资有限公司（Chinese CIC）向摩根史坦利（Morgan Stanley）投资了50亿美金，还向美国私人证券公司——黑石公司（Blackstone）投入了30亿美金。据最新统计，2008年早期，新兴世界给西方金融机构的投资总额已高达300亿美金。诚然，这当中的大部分投资随着金融危机灰飞烟灭；关键在于新兴国家有足够资金进行这样的投资。而当美国政府（以及其他西方政府）为应对金融危机启动救市方案时，其筹措的资金大部分来自普通纳税人，而不是来自政府持有的资金储备。

令人不安的事实是，西方的现金严重短缺。正如支配了西方工业化时期市场经济两百多年之久的竞争规则那样，一切都以现金为衡量标准——谁拥有，谁没有。在全球范围的投标大战中，很少能看到西方在财产、公司、商品和任何有价值的东西方面进行投标，因为他们的钱快花光了。但西方并非一直如此，他们曾经资金充裕，甚至出现盈余。它陷入如此困境的原因，在于它富裕的时候处理钱的方式——

---

① 俄罗斯所关注的是国家是否实现了真正的增长，或者他们惊人的增长率是否仅仅反映了更高的全球商品价格。

② 阿布扎比为阿拉伯联合酋长国之一，其首都亦称"阿布扎比"。译者注。

对货币的不当配置。

2008年末,美国的银行业看起来和底特律的汽车工业差不多——遭受了巨大的冲击,并且满目疮痍。此前美国的银行业创造了大约20%的美国GDP（包括实际货币的投资者和保险公司）,并拥有数十万的雇员,然而2008年金融危机的冲击把美国推到了灾难的悬崖边。

虽然2008年的金融危机不会给西方经济体（尤其是美国）带来根本性的冲击,但是从更广阔的视角看,最近出现的经济游移不定、失足绊倒和跌跌撞撞的情况,恰恰是西方资本优势持续衰退的最新证明,也是预示经济未来走向的先兆之一。

第二章
西方现行经济制度存在重大缺陷

第一节 政府忽视风险偏好的致命错误

本书一再强调的主题是，西方政府和私人机构——智库、学术团体和大学研究项目（他们在书斋中苦思冥想，意欲设计出最佳的经济政策）——是怎样制造着他们意料之外的有害后果的。在美国金融体系的核心部门存在着不同层次的代理风险，就是说，公司经理很可能会不维护股东的最大利益。

抛却政府制定政策的动机且先不论，那种有害结果的产生也许是因为他们的愚蠢，也许是因为他们故意装聋作哑，抑或是由于其政治上反复无常的短视。在过去50年的时间里，西方的政策制定已经把其难以承受、不可持续的不断增长的成本留给了他的后代，而西方世界才刚刚开始体验这些政策带来的全面影响。随着这种情况一而再、再而三地出现，人们慢慢搞清楚了这种情况是怎么发生的。正如我们将看到的那样，很多出发点良好的政策在短期内确实带来了利益，但从长期的角度看却会造成损害。

例如，在关于资本的具体案例中，西方（主要是美国）为了迎合其民众"实现美国梦"的愿望,在政策制定中放宽了资本准入,这一政策产生的意想不到的后果,已经使得美国和整个西方世界徘徊在破产的边缘。被冲昏了头脑的决策者没能充分意识到紧随其后的、不可避免的附带损害,这些损害所过之处,将横扫一切。

2009年7月,巴尼·弗兰克(Barney Frank)做出如下声明:"经营管理人员有义务时刻监督股东以降低公司风险。"[1]巴尼·弗兰克是美国政府高级决策者,同时也是美国众议院金融服务委员会(House Financial Services Committee)的主席,在政界有着举足轻重的地位。众议院金融服务委员会担负着监督和管理金融服务行业的职责,这些行业包括证券、保险、银行和房地产。

貌似无关痛痒的声明,恰恰说明了他对资本结构、债权持有人和股权持有人二者之间的重要区别、对于导致西方经济的持续衰退的原因缺乏基本的了解。其中,正是债权持有人和股权持有人之间的分歧,不仅导致了2008年金融危机的爆发,还进一步强化了西方继续运用错误的政策错误地配置资本。

一个基本常识:投资人都是风险偏好的

接下来我要对企业如何自筹资金进行一个简要的说明。为什么了解一家企业的资本结构很重要?其原因在于,一旦将它解释清楚,读者便很容易理解三件事情:(1)一家企业的资本结构是怎样被许多人误解,尤其是怎样被决策者误解的;(2)这种误解对住房市场产生的影响;(3)西方政府(尤其是美国政府)深思熟虑后制定的自置居所

---

[1] 巴尼·弗兰克评论。

政策,是怎样导致对资本的不当配置的,而对资本的不当配置会反过来将工业化国家的经济引向死亡之路。

探讨企业资本结构中的关键问题的一个很好的方法,是一种叫做或有权分析(CCA)的方法。这种分析框架能够显示出一个公司是如何自筹资金的——主要是通过股权收益(股票中的所有权)和债权收益(借给公司)实现的。很显然,对收入波动和债务水平(也被称为杠杆)的认知和态度,决定着公司将以何种方式自筹资金。

假设你花费10,000美金创建了一家公司(例如,用于支付给政府的执照费用)。为方便起见,我们假定这些费用为沉淀成本,因此是不可回收的,即你不能从政府讨回。公司的价值一旦大于零(也就是说它有了收入),你的股权就是"非零值"了。换句话说,只要你的公司获得一定的收益,股权持有人就赚钱了。

用金融行话来说,你,作为唯一的股东,对自己的公司表示"看涨",这也可以被视为你在起点为零时"买进看涨期权"(也就是说,在"零值"之后的任何一个阶段你都能挣钱)。因为你有期权,如果该公司从来只是"零值"或者甚至是"负值",那么你作为股权持有人就无钱可赚了,而且关键是,你可以趁损失尚不惨重的时候一走了之(因为作为公司的所有者,没有人对你行使追索权,从这个意义上说,它像一家有限责任公司)。这就意味着公司赚得越多,作为个体的你也就赚得越多。

为了衡量公司的价值,你必须注意观察并理解什么是所谓的企业价值。企业价值(EV)是对某一公司价值的衡量,是用股权的预期值(EQ)与债务的预期值(ED)的总和来计算的,即EV=EQ+ED。(企业的价值是该企业预期自由现金流量以其加权平均资本成本为贴现率折现的现值,它与企业的财务决策密切相关,体现了企业资金的时间价值、风险以及持续发展能力。)

假定你的一位朋友借给你 50,000 美金去发展壮大你的公司。股权收益仍旧表现为认购期权,唯一的不同就是"发生点"(你开始赚钱的那个"点")变了。就是说,作为股东,只要公司赚钱(也就是公司或企业价值上涨),你就赚钱。然而,你现在不得不考虑这样的事实,那就是:你必须在获得任何收益之前偿还 50,000 美金的贷款。① 显然,现在"发生点"变成了 50,000 美金(亦即是债务水平),因此当企业价值大于它时,你的股权收益等于企业价值与 50,000 之间的差额。如果企业价值一直低于 50,000 美金,对作为股东的你来说,最明智之举就是(行使你的权利)一走了之。②

作为债权收益人,虽然你的朋友希望你的公司获得成功,但他关心的只有一件事情——拿回他的 50,000 美金(利息另算)。但是,他的好处是,不管公司最终成功与否,他都理所当然的能获得最大收益,亦即是拿回 50,000 美金并附带利息。用行话来说,他这是"卖出看跌期权"③——直到拿回 50,000 美金他才能获利,在此之后就什么也赚不到了。也就是说,股权收益人是买进期权,而债权收益人是卖出期

---

① 这个特别的例子假设在一个多期游戏的单期游戏中,偿付能力测试将阻止破产企业(或者是一个完全杠杆化了的企业)从现有的阶段进入到未来时期,虽然这需要更细微的分析,但是股权收益人长期波动而债权收益人短期波动的基本结论仍然成立。

② 很明显,考虑到这两种情况下的债权的预期值都少于 50,000 美金,这个企业将不可能永远得到资助——不过需要强调的一点是,股权收益人将总是追求企业价值更大的变动。

③ 看跌期权是卖方期权与买方期权之间的金融合同。买方购进权利,而非义务,以商定的价格(履约价格)销售标的物。一般来说,看跌的买方相信标的的资产价格会下降,而看跌的卖方相信标的的证券价格将会上涨。

权，并且期权价值与公司的收益波动密切相关。① 债权收益人留给股权收益人两项选择：要么偿还他的 50,000 美金，要么当公司价值低于 50,000 美金时把公司转让给他，如此一来，债权收益人不管怎样都能获得一些剩下的东西。

对比这两种收益方式，我们应当注意到二者之间固有的紧张关系。

对于公司的所有者（股权收益人）来说，他冒的风险越大，能得到的潜在收益就越高。问题是，风险、波动和债务三者之间存在着直接的正相关，以至于股权收益人愿意接受更大的波动性、更高的债务水平从而获得更多的收益，而这样却容易导致更高的风险。② 一般来说，常规做法是，股权收益的所有者要负责企业的日常管理工作，并制定关乎企业未来的关键性的业务决策。当然，股权收益人和债权收益人都希望企业获得更高的企业价值。

更为重要的一点是，对于公司既定的预期企业价值来说，股权收益人比债权收益人更希望增加预期企业价值的波动或变化。③ 下文将论证这一点。

股权收益人所冒的风险越大，获得的预期回报就越高。企业运营带来的风险越高，反而增加了股权收益的预期值。对于股权收益人来说，企业价值的波动（或变化）是件好事，因此，股权持有人总是希望企业价值的波动来得更猛烈。下面通过一则简单的数例来说明股权持有

---

① 这就是买入—出售价差。
② 可以说在收入波动和资产价格波动之间存在牢靠的正相关——但是，为了保持分析的简洁明快，我们从这里开始浓缩。
③ 当然在一定程度上这是真的。如果你期望事态好转，就不会愿意波动肆意横行地破坏一个完美的（投资）回报。

人宁愿企业价值有更多的而不是更少的变化（或波动）。

基于上文所举例子中的信息，在公司生涯的"第一天"，公司就有了 50,000 美金的企业价值，同时也有 50,000 美金的债务，当我们完全靠债务为企业筹集资金时，企业的资产价值等于零。（计算公式很简单，即是上文提到的 EV=EQ+ED）。

如果股权持有人面临这样的抉择：(a) 有 50% 的可能性企业价值为 75,000 美金，还有 50% 的可能性企业价值为 25,000 美金，或者 (b) 有 50% 的可能性企业价值为 100,000 美金，与之相对的是有 50% 的可能性企业价值为零（0 美金），那么股权持有人将会怎么下赌注呢？

记住，不管在哪一种情况中，公司的预期企业价值皆为 50,000 美金，因此他必将选择能给他带来更多赚钱机会的那种情况。于是，问题的答案便是，股权收益人将选择后一种选项，即选项 (b)，因为在这种情况下股权收益的预期值为 25,000 美金，而在前一种情况下，即选项 (a) 中，股权收益的预期值只有 12,500 美金。

我们是怎样推算出这些数字的呢？

公司的价值会或升或降。根据第一种情况所说，在一年的时间里，公司的价值可能是 75,000 美金（有 50% 的可能性），也可能是 25,000 美金（也是 50% 的可能性）。如果公司停止运营时的价值是 75,000 美金，其负债为 50,000 美金，那么公司的股权价值就是 25,000 美金。类似的，如果公司停止运营时的价值是 25,000 美金，其债务仍然是 50,000 美金，那么公司将因为资不抵债而实际破产，这也就意味着公司的股权价值为零。记住，这两种情况会发生的可能性各为 50%；因此，全部预期股权价值的计算必须把这些概率考虑在内，计算公式为〔(25,000美金×50%)+(0美金×50%)〕=12,500美金的预期股权价值。

然而，尚有另外一种足以改变股权持有人看法的情况存在。如前所述，在另外一种情况中，有50%的可能性公司在停止运营时的价值为100,000美金，还有50%的可能性公司破产，一文不名。运用先前的公式进行计算，假定公司的债务仍然是50,000美金并且必须偿付（即债权收益人优先受偿），如果公司停止运营时的价值是100,000美金，那么公司的股权从"第一天"的0美金上涨到了50,000美金。另一方面，如果公司（企业）价值骤降到零，那么这未偿付的50,000美金的债务意味着股权持有人将空手离去。但是如果将概率（把每一种情况发生的可能性考虑进去）加入公式的运算中，那么公司的总体预期股权价值就等于25,000美金〔即（50,000美金×50%）+（0美金×50%）〕。

这个分析告诉我们，股权持有人更愿意投注企业价值波动较大的情境，因为对他来说上升的空间更大，但是这没有考虑到债权收益人的利益〔注意，在选项（b）中，企业价值的波动越大，债权收益人拿不回钱的风险也就越大〕。

显然，股权持有人和债权收益人都希望企业价值上涨，因此他们的目标是一致的。但是，股权收益人更乐于在企业价值有较大波动变化的情况下进行经营，亦即是更乐于下更大的赌注。在预期收益或资产价值的回报一定的情况下，企业价值回报的波动性越大，股权收益的预期值将会越高。也就是说，债权收益人的预期价值等于预期企业价值减去预期股权收益。当然，如前所述，由于股权收益人拥有的是看涨期权，而债权收益人拥有的是看跌期权，所以债权收益人与股权收益人对待企业价值波动的立场正好相反。

由此我们很容易发现，如果企业价值的变化有利于股权持有人，那么它必将不利于债权收益人。就我们所说的这两种情况而言，债权收益人会偏爱第一种情况，即公司最终只获得 12,500 美金企业价值的那种情况。债权收益人急切地想拿回他的 50,000 美金的本金，只要公司能偿还他的债务，他对公司到底赚了多少钱基本上漠不关心。当然，如果公司经营良好，他也乐见其成，但是他更希望公司（企业）价值不要有太大的波动，同时也宁愿股权持有人承担更少而非更多的债务。总得来说，他不希望公司冒不必要的风险。

第一个例子说明，对预期企业价值来说，其波动变化越大越有益于/有利于股权收益，但却以牺牲债权收益为代价。从这个意义上来讲，股权收益是看涨波动，而债权收益是看跌波动。

投资人更喜欢"杠杆"

下面要举的例子将说明，股权收益人是如何钟情于"杠杆"[①]和如何轻而易举地获得更多而非更少的债务的。对于债权人来说，情况恰恰相反。记住，所有这些论证的基本出发点就是要表明：股权持有人以及那些追求自身利益的管理人员是如何钟情于风险并刻意追求风险的，这就是他们赚钱的法门，而这与巴尼·弗兰克的声明中所说的情况完全不符。

让我们再用简单的案例加以说明，我们假设公司"第一天"有 50,000 美金的企业价值（EV）。如前所述，企业价值是衡量一家公司

[①] 所谓杠杆，简单来说就是举债经营。译者注。

第二章　西方现行经济制度存在重大缺陷

的价值的标尺，计算公式为股权预期值（EQ）与债务预期值（ED）的总和，即 EV=EQ+ED。在这种情况下，我们假设这 50,000 美金的企业价值是由 20,000 美金的股权和 30,000 美金的债务构成的。我们再假设一年后，有 50% 的可能性公司的企业价值变为 40,000 美金，有 50% 的可能性公司的价值变为 100,000 美金。

如果要把前一种情况——即公司在停止运营，其价值（也就是其企业价值）变为 40,000 美金——具体化，比方说一年之后，公司的债务仍旧是 30,000 美金，那么此时公司的预期股权价值则减少到 10,000 美金。这很简单：EV=EQ+ED（也就是，40,000 美金 =10,000 美金 +30,000 美金。记住，债权收益人总是第一个得到报酬——优先于股权持有人）。但是，如果企业运营的"第二天"（一年后），公司的企业价值上升到 100,000 美金，而预期债务仍然为 30,000 美金，此时预期股权便增加到 70,000 美金。当然，我们仍然需要将每种情况发生的概率都考虑进去（即每种情况的发生都存在 50% 的可能性），最终全部预期股权价值将达到 40,000 美金（即 10,000 美金 ×50%+70,000 美金 ×50%）。

股权回报率（ROE）的计算公式为〔("第二天"的股权价值减去"第一天"的股权价值）除以第一天的股权价值〕乘以 100%，回顾一下上例，"第一天"的股权价值被假定为 20,000 美金，因此，当企业价值（EV）为 40,000 美金的时候，股权回报率便是 −50%，即〔(10,000−20,000/20,000）×100%〕。这并不是什么大数目。

然而，当我们用相同的计算公式计算一下企业价值为 100,000 美金时的情况时，我们会发现股权回报率将达到相当可观的 250%（(70,000−20,000）/20,000）×100%）。我们再把不同情况出现的概率考虑进去，加入到计算公式中，此时全部股权回报率将变为100%〔即（50%×-50%）+（50%×250%）〕。将股权回报率100%这个数字铭记于心。

现在来考虑一下另外一种情况，在公司运营的"第一天"，公司决定通过更多的杠杆（举债）来自筹资金。在此我们假设，有一家公司拥有50,000美金的企业价值，但是它的债务价值却是40,000美金，那么它的股权价值只有10,000美金。

如前所述，假设"第二天"会有两种可能的情形发生：公司的企业价值再度终止在40,000美金（50%的可能性）或100,000美金（也是有50%的可能性）。

使用先前的数学公式进行计算，显而易见，如果公司的企业价值停止在40,000美金的话，那么预期股权价值只能为零（0美金），因为债务价值也为40,000美金。换句话说，在这种情况下，企业的全部价值都用来抵债了。

但是，如果企业的业务蓬勃发展，企业价值终止于100,000美金，此时再使用公式EV=EQ+ED（并还清债务）来计算，预期股权将被大大提高到60,000美金。再把40,000美金和100,000美金的预期股权价值各50%的概率考虑进去，全部预期股权价值最终等于30,000美金〔也就是（0美金×50%）+（60,000美金×50%）〕。

现在让我们看看，在债务增加的情况下股权回报率会发生什么变化。当企业价值终止于40,000美金时，股权回报率只有可怜的-100%〔即（0-10）/10）×100%〕。但是如果企业价值猛增至100,000美金，此时股权回报率变为500%（即（60-10）/10）×100%），而全部股权回报率（把每个情况出现的概率50%考虑进去）为+200%〔即

〔50%×−100%）+50%×500%〕。

通过贷款进行融资能够获得200%股权回报率，而股权持有人通过投入更多自己的钱却只能获得100%的股权回报率，两相比较我们发现，对于股权收益人来说，举债融资轻而易举地获得了青睐。

以上的大量数字都表明了这样简单的一点：债务越多，股权收益人所能获得的回报就越高。总而言之，股权持有人总是钟情于举债筹资，热衷于增加债务。

总的说来，在面对价值波动、风险和债务时，很明显，股权持有人和债权持有人有着迥然不同的取向和相互抵触的期望。所以，尽管股权持有人对企业价值波动表示欢迎并且更倾向于举债筹资，热衷于追逐风险，但是对处于其对立面的债权持有人来说，情况恰恰相反——他厌恶价值波动，对累积债务持怀疑态度，也就是说他反对风险。

在公司正常运转的情况下，债权收益人可能会扮演着关键的角色，这一角色的任务在于对股权收益人的随心所欲和野心勃勃予以破坏或者主动调整。债权收益人的动机是想要通过对股权收益人不羁的野心进行严格的监督，从而把贷款收回。用棒球术语来说就是，债权收益人更喜欢一垒安打，而不是本垒打。

所以当政府官员如巴尼·弗兰克（Barney Frank）说出"经营管理人员有义务时刻监督股东以降低公司风险"这样的话时，他忽视了最根本的一点，即冒险恰恰是股权持有人期望经营管理人员做的事情。事实上，风险最终正是经营管理人员来承担的，理由是：谁承担的风险越大，谁分得的红利也就越多。风险本身就是其存在的理由。

第二节　错误在房地产市场的蔓延

巴尼·弗兰克（Barney Frank）（遗憾的是，还有很多其他的政府官员和决策者）的言论所反映的对股权收益与债务收益的无知，并非只是停留在企业筹资领域。

这种糊涂的看法已经渗透到针对房市的政策中去了，由此可能产生最具破坏性的后果。在自置居所政策的制定中，决策者们显然没有意识到他们那样做的后果。这个知识盲点是如此容易被人忽视，以至于许多政府都积极地参与制定了一些错误的经济增长政策，这些政策由于资本配置不当，长期下去将会封住西方经济命脉。这也许是好心办坏事的最具说服力的例子。怎么会这样呢？

考虑到房子和食物是每个人的生活必需品，我们期望政府出台好的政策，从而能够使这些商品的物价尽可能地保持在低水平上。然而，正如我们将要说明的，美国政府的房产政策已经反其道而行之。具体说来，美国政府制定的旨在繁荣和发展房地产市场的政策——虽然这是无心所致——最终导致了房价的上涨并仍旧在不断攀升。

事实上，在过去的几十年中，美国政府已经成功地说服大多数美国人进行个人储蓄(20世纪80年代的保险金计划以及供款养老金计划，只是这方面的例子之一)，并且设法使美国人相信，储蓄的最好办法就是拥有一套房子。自然而然地，美国人往往过分倾向于把他们的储蓄投资并分配到房产上（最初是以首付的形式投资），而不是投资在股票和债券上。尽管自置居所的好处众所周知（油漆围栏、浇灌草坪等），但是基于政府资助补贴计划建立起来的"全民自置居所"政策，实在是大错特错。

房产是一种独特的财产，因为一旦有人入住，它就不能产生收入或者现金流量[①]。从这个意义上来说，业主自用住房应当被视为一种便利（非现金生成）收益。所以为了能在房产投资上产出正回报，政府需要操纵价格使其上涨。这自然而然地产生了一种水车效应[②]，在此效应中，为了保证永远获得正回报，就不得不让价格持续上涨。价格上涨意味着，经济最终将像不断充气的气泡爆裂那样完全崩溃。关于这一点后面我们会谈到更多。

前面的讨论着重阐述了债权收益人和股权收益人是怎样互相影响的，以及他们的行动是如何受到其对风险的态度左右的：股权收益人钟情于企业价值的更多的变化并且倾心于更高的债务水平，而债权收益人却不是如此。

看看房市就知道，以上的这些论述和表达是真实的。

投资需求的房主是风险偏好的

以租房市场为例，在其中，房子是唯一的投资财产。房东依靠源源不断的租金收入为生，与股权收益人要依赖公司的现金流量为生的

[①] 理财学中的重要概念，所谓现金流量，简单来说就是企业一定时期的现金和现金等价物的流入和流出的数量。译者注。

[②] 消费往往成为最常见的刺激，富足社会的一大特征就是消费社会。人们更为卖力，为了赚更多的钱，为了消费得更多。只有通过不断地加大消费来维持自身的幸福度，所以尽管客观幸福增加，主观幸福却仍在原地，这就是经济学上所谓的"水车效应"。译者注。

How the West was Lost

情况十分相似。当然，在这两种情况中（房东和公司股东），他们都在他们的标的资产中寻求资本增值。如果租赁财产的赎回权被取消（类似于公司倒闭），那么房东可以一走了之，他失去的只是其投入到租赁财产中初始金额，这一点房东与公司股东的情况也很相似。在这种情况下，房东扮演了股权收益人的角色。

而如前所述，债权收益人，亦即是一个抵押放贷者——通常是由银行来扮演——只能获得一些剩下的东西（最坏的情况是贷方拿回了作为附属担保物的房子）。

像上文所讲到的公司股东一样，出租房屋的房东也钟情于房市的波动（钟情于房子的企业价值的波动），因为房价变化（波动）越大，他赚到的钱才会越多；他渴望尽可能多地增加债务，并且看上去对冒险有也着永无止境的嗜好。与此同时，从公司债权收益人的角度看，抵押债权持有人（也就是银行）并不希望房价有大的波动，并且倾向于控制房东累计的债务额。因为他要确信能拿回自己的钱，所以始终抑制着房东热衷冒险的强烈欲望。本文的分析到现在为止，一切都很顺利。

自住需求的房主是风险规避型的

如果某人住在他自己的抵押财产中，问题就出现了。我们姑且称之为精神分裂的房主。

在钟情于房价的波动方面，房主有一部分处境与公司股权持有人的处境相同。毫无疑问，像公司股东一样，他也想希望他持有的价值（也就是住房）上涨，并且越快越好。虽然，当房价下跌从而真正带来风险的时候，他所拥有的只剩下负资产，但是总的来说，大多数房主倾向于漠视这一风险，像大多数想拥有自己家园的人一样，他们认为房价的唯一发展趋势就是上涨。在某种意义上，像公司和用于租赁的房子一样，房主的房子也被看作是一项投资。

房主本人（房东），像股权收益人一样，宁愿房屋预期价值有更多的变化。他显然希望价格上涨，也更期待房价出现较大的波动。但是，还有另外一部分房主，他们与公司股权持有人或者实际上依赖租金收入为生的房东大不相同。

这种情况比较独特，尽管就公司来说，致使股东（或者就以租金为收入的房东来说）损失最惨重的情况莫过于公司倒闭——那又怎么样呢？生活仍要继续。但是，对于居住在他自己的主要居所的房主来说，如果他没了房子，他就要流落街头、无家可归了。换句话说，他有天生的"不足"——栖身之处并非如影随形。正是由于这个不足，失去自己住所的恐惧总是笼罩着他的生活，就像他的头顶悬着一把达摩克利斯之剑一样。他不能一走了之。如果他想一走了之，他就要为此付出重置成本①。这确实使得他用一种别样的视角去看待他的财产。尤其是，他对波动、债务风险水平和风险的感知与看法跟公司股东或房东正好相反。

居住在抵押出去的房子里，会使得或有权益分析发生改变，从简单的一笔债务对应一个股权持有人，变为从表面看有三个参与者的情况：一个债权持有人（表现为抵押放贷者或银行），一个股权房主（即前文讨论的房东）和一个新来的住房抵押者。恼人的是，这三个收益

---

① 所谓重置成本，是指企业重新取得与其所拥有的某项资产相同或与其功能相当的资产需要支付的现金或现金等价物。译者注。

人对波动和债务水平都有自己各自不同的看法。

如前所述,债权收益所有者(按揭贷款银行)和股权收益房主在这种情况下是不同的。具体说来便是,股权房主偏好波动、热衷风险并且追求负债,而银行或抵押放贷者宁愿低波动、不赞成并且规避风险、对房主的高额负债始终持有充分警觉。

房主的精神分裂症来自于他得时刻担心其天生的"不足"(即害怕无家可归)。对天生的不足的说明如下:让我们想一想公司股权持有人从"原点"(也就是,没有公司,但也无损他的安宁)到拥有一个看涨的公司(也就是,+1,他拥有公司,这与租赁房屋的房东的处境相似)这一过程。与这种情况相比照,住在抵押出去的居所里的房主的情形则是如此:从被看跌的位置(也就是 -1,无处可住;设想一下某人离家18年之久而无家可归)到原点的位置(即0),即你终于拥有了一个栖身之所。如果银行要取消抵押品的赎回权,他将再一次回到令人不安的无家可归(-1)的处境。

想要弥补"先天不足"的那种愿望,对于房主对波动性、债务水平和风险的态度有着深远的(然而相冲突的)影响。

就波动性而言,股权收益人总是钟情于房价出现更大的波动(这就是为什么人们在鸡尾酒会上高谈房价,在餐桌上阔论自置房屋的原因所在),而住房抵押者担心的则是房价过多的波动会导致负资产或者丧失抵押品赎回权(比如说房市崩溃),因为这会让他无家可归。(当然,他也担心作为按揭付款人,收入方面的波动会使他陷入困境,使他无法获得他应有的收益。)

一个难以捉摸却至关重要的细节是,住房抵押者并不介意房价是否下跌。事实上,他既不关心房价产生的任何波动,也不关心会否出现负资产。但是，他关心收入波动，因为收入的下降会导致他无力支付按揭付款，如此一来他就很可能无家可归。虽然他跟股权收益人有相似之处，但是他并没有那种"大不了把房子交给银行抵债"的意愿和气魄，因为他需要弥补他"先天不足"，即他必须要有一个安身之处。此外，当你既是股权收益人同时又是住房抵押者的时候，期权价值将会从根本上减少。至于债务水平，住房抵押者毫无疑问的会倾向于减少债务，从而减少无家可归的风险，但正如前面所讨论的，这与他作为股权持有人而钟情于举债的一面相矛盾。

"自置居所"政策的片面性

最根本的问题已经浮出水面，那就是，随着时间的推移，像美国这样的工业化国家的政府政策（事实上这些政策只是个别人自己的意愿）完全忽略了不愿承担风险的住房抵押者的意愿，而只是迎合了那些钟情于风险、波动和债务的股权持有人的口味。这种愚昧的行为已经导致了灾难性的后果，但是其影响程度尚未完全显露出来。

早在20世纪30年代，美国政府就开始实行一项雄心勃勃的自置居所战略，旨在使数百万的美国人有自己房子，但是美国政府没有预见到这项政策本身会带来怎样的后果。决策者们被"让所有人都拥有自己的房子"的口号弄得精神失常，竟无意间推出了一个长达50年之久的债务文化，并且催生了这样一代人：他们把自己的经济情况牢牢地置于一条经济破坏之路上。美国人口普查数据显示，美国人拥有住房的百分比在1930年为47.8%，1960年为61.9%，到2000年为66.2%。

政府提供了一套不知不觉恶化了的杠杆（债务）文化，以至于西方大多数人现在的生活入不敷出。这一政策固然满足了拥有房屋产权的房主的需求,然而却忽视了住房抵押者的意愿。西方各国,包括他们的政府和家庭,都被深埋在沉重的债务负担的土堆里(唯一的出路似乎是逃脱债务的偿还义务)。为了促进广泛的自置居所战略的实施,西方政府通过政府补贴的形式予以支持,然而这一做法是弊大于利的,这将促使整个西方经济全面的消亡。

自置居所战略已经通过一种双管齐下的策略一步步地实现了。这双管齐下的策略是指:(1)通过受补贴的抵押贷款债务和对按揭利息支付的税费减免来鼓励个人借款;(2)向抵押贷款机构提供消极担保。在第(2)点中,政府的消极担保之所以可能,是因为存在这样一种情况,如房利美和房地美既是政府(暗中)担保设立的政府性公司,同时又是营利性的公司。①

很明显,并非所有的资助都是不好的。可以说这对于住房抵押者能获得一个栖身之处有一定的好处,并且有充分的理由证明,自置居所(而不是租赁房屋)促使居住者悉心对待房产。虽然政府资助政策给大多数购买房子的人提供了便利,但是却需要限制其资助程度。因为虽然这项政策是为了让一些人买得起房,但并不是要让他们背负着沉重的债务去购买豪宅。受补助的抵押贷款的出发点是好的,但是适用范围并不正确,这正是这项政策"不讨好"的原因所在。给予补贴抵押贷款的初衷是可以被充分理解的,但是准私营部门(像房利美和房地美的形式)的营利性和政府善意之间的相互博弈使得

---

① 为房利美和房地美作担保的问题,类似于评级机构(穆迪和标准普尔)被装入监管设施内封存的问题,但是他们自己支持利润机构以追求利润为动机。

政策失控了。

补贴购买自置居所政策的直接后果会导致社会杠杆的出现，在其中，公民和国家被完全地抵押出去。由此滋生出这样一种生活方式：在入不敷出的生活中寻求舒适。这种思想意识是如此的根深蒂固，以至于即使明明知道这些债务具有毁灭性，甚至引发了2008年金融危机，而政府仍旧把债务本身作为走出困境的灵丹妙药。

靠借钱挽救经济等于"饮鸩止渴"

经济脆弱时，通过增加债务的方式来使经济走出困境，在短期内看来是正确的，也并不是什么疯狂的事情。而事实上，这种立场（即增加债务）是一种典型的过渡效应。虽然一个低杠杆（举债）的社会是我们孜孜以求的，但如果去杠杆发生得太快（比如在一场没有干预的危机中），那么经济就会出现螺旋衰退的风险。这就是为什么政府必须提供更多的融资贷款，以确保经济平稳和有条不紊地过渡的原因所在。但实际情况是，私人借款被公共借款取代——当然，这会带来不幸的后果，即最终去杠杆化过程只是成了送给债权持有人和股权持有人的礼物。

在英国、美国和其他发达国家，那些导致了2008年金融危机的公共政策主要就是削减利率（政府期望银行恢复私人借贷水平，但最终使他们在债务中陷得更深），由此中央政府本身也承担了很多的债务。

其他政策选项（一个从长远意义上说更具可持续发展性并有助于恢复元气的选项）——即勒紧腰带、减少消费、鼓励量入为出的生活方式——不符合政治潮流，至今仍是如此。2009年6月，英国的阿比国民银行（Abbey Bank）开始大胆地销售高达125%的抵押贷款，债务能够包治百病的观念提醒了我们，我们所了解的是多么的少得可怜，而社会变得多么的茫然不知所措。同样令人惊讶的是，英国的首次置房者被告知必须用信用卡购房，因为这是缚牢抵押贷款的唯一办法。引用一位按揭顾问的话说，"我对一些只有小额存款的想买房的人的最好建议就是：靠信用卡生活。用它买杂货，用它出去吃晚餐，把你通常花在借记卡上的钱花在信用卡上"。

不只是在贴息贷款中政策才鼓励过度杠杆和负债的风气。在美国，房主受到一种额外的诱骗，即政府通过降低他们的抵押贷款税率的方式来鼓励贷款。自置居所文化不仅仅是由低息贷款和减税优惠维系的，它还靠政府系统长期以来提供债务担保的那些贷方维系着。

正如前面讨论的那样，这些担保的有害影响意味着，那些贷款提供者不再需要担心他们是否能拿回钱，而可以随意制造无限制且鲁莽的风险承担，这就为次级贷款大开绿灯。

如前所述，就理论上而言，当人们承载过多债务的时候，次级贷款本身也并不是什么坏事，总比错误定价（定价太低从而很容易得手）和过度杠杆的风险要好得多。问题是，社会需要多大程度的监管和干预？也许，如果机构和个人可能破产——并且他们意识到了这一风险，那么应该让他们独立地为自己做出最佳决定。

当然，对于整个社会来说，最严重的问题是，所有的机构和大多数人在同一时间遭遇破产的这一不可避免的风险，这会造成整个经济体系都遭受负面影响。限制杠杆可以修复个体风险。通过让金融机构的工作人员去充当按揭贷款经纪人，从而实现对制度的更好利用并使得个体风险下行（不只是体制风险）。这或许对应对经济危机有所帮助，因为这一方面修补了系统性风险，另一方面又修补了代理风险。

第二章 西方现行经济制度存在重大缺陷

毫无疑问，对风险有着最强烈欲望的行业，正是拥有最多的政府债务担保的银行业。随着时间的推移，这一切都逐渐显露出来。在美国，债务担保采取对小额零星存款进行 FDIC 保险（美国联邦存款保险公司）和 SIPC 保险的形式（美国证券投资者保护协会，当由于破产、其他财政困难和客户资产丢失而使经纪人业务停止的情况出现时，该机构参与提供资金。SIPC 参与回报客户现金、股票和其他证券）。MBIA（美国城市债券保险），是一家主营资产抵押债券和按揭证券等市政债券的保险公司，它主要针对一些平时金融机构投资很少涉及且没有担保的领域进行保险，只要那些担保获得正确的定价，它就提供保险服务。以前，认为"MBIA 的资本不足以承担其潜在保险责任"的想法是可笑的。而现在，要记住，这些银行活动并不一定合法，银行和银行家只是根据政府制定的政策进行操作，这才是真正的游戏规则。

当银行从合伙企业结构（这种情况下，债务由所有人承担）转变为政府为其进行债务和存款担保的国有商业银行的时候，其风险承担将出现前后紧接、步伐一致的增长。国际清算银行（Bank of International Settlements）有数据显示，2000 年早期大约有 100 万亿美金未到期的衍生工具[①]合同。而在过去的十年中，这个数字增长了超过 5 倍。

毕竟，衍生品市场本身风险极高并且难以被完全了解，它们多以担保债务权证、买下产权或资产抵押债券的形式存在，在让人眼花缭

---

① 所谓衍生工具，是由另一种证券（股票、债券、货币或者商品）构成或衍生而来的交易。衍生工具包括远期合同、期货合同、互换和期权，以及具有远期合同、期货合同、互换和期权中一种或一种以上特征的工具。期权是一种最典型的衍生工具。译者注。

乱的衍生品市场里，经营良好的合伙企业会拿本钱冒什么风险？他们不会冒风险的。尽管一家走下坡路的银行可以依赖债务担保（并且确实如此）毫无顾忌地参与到风险承担的狂欢中。记住，由于银行的管理被政府保护起来（就债务方面来说，政府为其提供了担保），并且其管理是受到股东回报驱使的，最终这种不受约束的风险导致了2008年的金融崩溃。大量的实际投资者犯了这样一个错误——不仅仅是引起下跌的代理风险，还有其他很多因素都没能抵挡住市场的诱惑。

担保的罪恶——房利美和房地美的崩溃

美国政府给房利美和房地美这样的抵押贷款机构提供债务担保(政府担保的债务是个人抵押借款)，这一事实意味着政府对于放贷方的政策放宽，因此，他们没有那种去调查人们消化按揭付款的能力——即每个人会承担多大风险——的意识。毫无疑问，在这种情况下，中国人（房利美和房地美最大的债权持有人之一）会要求美国政府——而不是房利美和房地美的管理层——担保在出岔子的时候他们还能拿回他们的钱。如果政府担保的安全网络并非最先发挥作用的话，那么房利美和房地美在调查贷款者的还款意愿和能力时，就会保持更多的警惕性。

担保——狭义上来说是个好主意——被证明是金融灾难的始作俑者，是一场被美国政府的另一"慷慨"行为加剧了的灾难。在英国和加拿大，如果你不幸由于被取消抵押品赎回权而失去了抵押的房子，你仍欠抵押贷款公司债务，你始终逃不出那个陷阱。但是在美国的很多州是没有这种追索权的。一旦交接了钥匙，你就不欠抵押贷款公司任何东西了。政府担保会介入提供资金。这不会引起什么更严重的后果——这不是对按揭付款人,不是对银行,而是对政府而言(当然,虽然许多人会无家可归)。如此看来,当面对着一堆烂摊子的时候,政府必将转身对其公民课税,毕竟只有这样它才可以生存下去。

为什么这些都是环环相扣的?答案很简单:政府想要拉动经济增长,资本则是拉动增长的必备良药。然而,资本被不当配置了。

美国政府通过税收利率优惠和贷款补贴等担保政策,刺激了房产市场的投资过热。这种对住房的过度需求常常会导致房价增值,而它本身由于住房资产投资本身并没有产生现金流量而变得更糟。事实上,在这样的投资中产生正回报的唯一途径,就是支持房价上涨。价格信号的扭曲,又反过来带来三项后果:

首先,它确保了由用于投资的生产性现金流量(例如急需的基础设施)对有价值的资本进行重新定向,从而使其转向其他如住房等非现金生成、低产出的"便利资产"。

第二,目前的美国房产政策产生了自相矛盾的后果:随着时间的推移,作为美国人最根本的需求之一的房屋,其价格超出人们的承受范围,这一结果是与其政策制定者的初衷相违背的。由于住所和食物是所有人必须消费的商品,合理的政府政策应当致力于保持价格的低水平。但是在"全民自置居所"政策的笼罩下,美国政府怂恿人们把他们的毕生储蓄过多得投入到房产中,这就导致了较高的平均房价的出现。

最后,住房政策增进了对住房资产的过度杠杆及债务融资控制,这与股权融资采购形成对照,最终导致经济动荡,进一步加重了该问题。持续的价格增长吸引了更多人的目光,使得过度配置在该行业中大行其道,加上市场心理学作祟,于是不可避免地引起了价格上涨,导致了定价基础超过公平价值这种过头的现象，由此造成了爆炸性的房价泡沫。

很多人认为，政府补贴和政府担保可以让更多人更容易买到房子。需要指出的是，窍门不在于取消补贴，而在于是要限制补贴的程度。落实到现实中，就是通过限制房利美和房地美贷款的票面规模来降低总体补贴抵押资本总额。

但从目前的经验看，"全民自置居所"战略所做的，是提高国家和个体居民的债务水平，而那些已经被高度杠杆化的房子，被进一步用作信用卡消费和非生产性的风险投资的抵押品。

此外，社会不会将一项大的集中投资交给某一个人，而是每个人，整个社会都要承担。这就是为什么 2008 年美国历史上第一次出现全国性的房价下跌的原因所在。虽然分散投资是投资的基本原则，但是政府担保政策怂恿着数百万民众挤进房市。当然，当房市低迷的时候，社会在很大程度上会受到消极影响。

那么人们该怎样评价房产市场呢？尽管政府补贴会对社会造成一定的负面影响，但是直到没有政府补贴后我们才意识到，拥有自己的住房，要比租房、首期投资以及把每月的主要收入投入到股票及债券中去好得多。

作为一个有能力的经纪代理人，我应该立马租一个地方以便有个安身之处（这符合住房抵押者的需求）。怀揣着剩下的现金，我应该对存在于股票、债券、现金甚至是房产中所有潜在的投资机会进行评估，如果我真的决定投资房产，那么我的选择无须局限在我自己国家的房产市场中。换句话说，在伦敦租一处房子，在佛罗里达州买一处房子作为投资，这种投资对我来说应当是完全行得通的。

第二章　西方现行经济制度存在重大缺陷

政府对公民租房或是买房本应当不闻不问，然而，表面上看来，政府是符合某些人利益的，但是实际上政府鼓励市民通过杠杆挤进某一项资产的投资中的投资决定以激励购房，而这一政策本身不一定是最好的投资决策。

存在另一个更微妙的细节。在加速房价上涨的政府担保体系下，唯一的赢家是那些能够缩小（降低）他们的购房需求且能够买到更便宜房产的人。其他人都输了。想一下，一个年轻人离开了大学宿舍，省吃俭用地跨出买房的第一步（第一次购买公寓房），接着为妻儿买一间更大、更贵的房子。在每个人生阶段，他不得不付出越来越多的钱用于生活。是的，他公寓的价值也许从他购买之时起（称之为T1）到他将其卖掉换成一座更大的房子的时候（周期T2）为止一直在上涨，但是记住，在T2时他必须一次付清购房费用，因为四居室的房子也在涨价。这种"电梯"效应自始至终持续着，直到孩子们上大学为止。财富从年轻的一代转移到年长的一代，因为房价贵了。

只有在退休时，房主才会"赢"，因为他/她可以卖掉大房子，并屈就地住到更便宜的居所里，如此一来他/她便能获得一笔意外之财。想在资产游戏中获得成功并取胜，唯一的方法看起来只能是死亡或退休。怪不得罗伯特·席勒（Robert Shiller）发现，从长期来看，投资房产的真正回报为零——的确，应该考虑到，房价本质上与市场测算的人口统计数据是相关的。

大部分西方国家的人口统计显示，当老龄人数量多于年轻人数量的时候，就会出现一个越来越少的人购买住房的时期，因为大多数人都到了退休年龄，而西方社会的发展正在稳步接近这样一个时期。更多房屋要出售，而买家却更少了；这是房价崩溃的秘密所在。

第三节 美国经济制度三个根本缺陷

  大量资本被不当配置的现象遍布西方工业化国家。配置不当的核心原因在于债权持有人和股权持有人之间关系的瓦解——这种关系的基本运作是资本主义制度和经济运作的核心。尽管出发点是好的，但是政府的政策以及对金融市场运作方式的广泛的误解，造成了对这种关系的侵蚀。至此，本章讨论了共同导致了美国资本的不当配置和浪费的三个关键因素。

  第一个是，债权收益人和股权收益人之间关系的紧张和基本破裂以及政府主导的以补贴和担保的形式存在的善意政策。正如之前详细介绍过的那样，管理层（作为股权收益人的代表）不会（首先）为债权收益人的利益考虑，这就是为什么债权收益人的核心职责在于监督股权收益人（管理层）的原因所在。的确，正是这些制约和平衡使资本主义得以正常运转。然而，美国的政策已经破坏了这些制约和平衡，导致了配置不当和资本流失。正如最近的经验所表明的，债权人本应扮演聚会上的舞伴角色，本应对首席执行官的过度行为提出批评，本应对不受约束的风险承担进行监测，本应对高额的红利予以监督，结果他们反而选择无所作为。用一句话来说，债权收益人无法履行它们管辖股权收益人的信托职责，因为公共政策妨碍了他们的作为。债权持有人的信托职责就是要对人们存储的现金负责——这些现金是用于贷款给不同的公司和投资的，而不是贷给公司股东的。与此相同的，房利美和房地美要真正对把钱交托给他们的美国纳税人、而不是对那些通过次级贷款买到房子的人（当然，很多办理了抵押贷款的人也是纳税人）负信托责任。政府担保意味着，债权持有人越来越无法有效地扮演看守人的角色从而对偏好风险的股权持有人及可能产生的不利影响进行监督。

第二个是，渗透到金融市场和每个公民的思想中的那种认为资产价值只能且只会上涨的错误信念。甚至是最老练的市场参与者似乎也抛却了几十年来关于市场变化莫测的认知，转而相信房价只会走高。他们都错了。借款人和贷款人的这种错误的假设，意味着投资者几乎不相信房价会下降。更糟的是，对于他们持有的同等数量的资产来说，借贷者应被视为过度担保。

第三个是，也就是前两点产生的直接影响是，放贷者对借贷者一无所知，贷方—借方之间的关系全然断裂的情况出现了。由债务协议造就的对于债务合同沾沾自喜的时代思潮已经屡见不鲜。债券投资者由于嫌麻烦而逐渐放弃了审查债券产品的责任。随着时间的推移，由于债券产品变得越发的错综复杂，债权人越发荒诞地依赖于信用（证券）等级评定机构和华尔街金融公司来帮他们审查债券产品。当然，问题是信用等级评定机构，甚至于包括银行，它们总会有充分的理由让债券投资人参与投资——他们自己被诱使去销售复杂的产品。最终的结果是，贷方对于借方是谁几乎没有丝毫头绪；居于核心地位的贷方—借方关系遭到进一步破坏。

在有关住房问题的讨论中，暂且没有一个较为恰当的例子来说明这三个因素〔政府补贴和担保；认为资产价格会上涨的坚定信念；在债务关系中（通常通过证券化）贷方对借方一无所知〕同时出现的情况。

但是，这三种因素同时出现的情况并不一定只局限在房地产市场中。

2009年10月《纽约时报》一篇题为《收购债务飙升公司的益处》的文章，讲述了一则有关席梦思的故事。席梦思是美国最著名的床垫公司之一，在过去的5年里，公司被买进卖出了5次，几乎每一个后来的买家都背负着这家133年老店的债务（这些债务，一部分被用于再投资，一部分被用于支付股息）。由于债务变得越发便宜，而股价却不断飙升，公司所有者便可以进一步使公司杠杆化并套取现金以弥补其收购费用。在很短的时间内，公司的债务从1991年的1.64亿美金上涨到2009年的13亿美金。如果真需要一个例子来说明多种危害因素或者以上的三个有缺陷的政策是如何共同作用的，那么这就是个绝佳的案例。

的确，在这一案例中没有提及明确的政府担保（虽然有人可以争辩说，借出很多贷款的银行获得过政府担保）。然而，从股权持有人套取现金之后公司的债务水平失控般地上涨明显可以看出，公司的债权持有人没有履行他们的职责。很明显，这种行业主要依赖于资产价值的上涨（所以过去拥有席梦思的私人股权企业能够套现，而且之后的拥有者会筹集到更多的债务），而真正的债权所有人却犯了迷糊。也许最糟糕的是，当该公司的可信度已经遭到质疑的时候，许多人还在给其投入大量的金钱。不仅是席梦思这样的公司如此，范围更大的房市甚至整个经济都是如此。明智的政策固然应当对美国的住房危机作出反应。问题是，这该如何实现呢？

美军驻阿富汗指挥官史坦利·麦克里斯托尔将军（General Stanley McChrystal），在2009年伦敦的公开演讲中宣称："必须从所在的地方而非想在的地方出发。"

第二章　西方现行经济制度存在重大缺陷

到这本书出版的时候，已经有很多关于如何使美国和许多发达国家逃出住房泥潭的建议、争论，甚至也许还有已生效的政策。① 在这里考虑美国核心的住房政策应当是怎样的，尤其是美国政府是否应当首先插手住房市场，即便不是毫无意义，至少也是没有任何实际意义的。② 毕竟，现实的情况是，美国政府通过补贴计划已经广泛地介入了住房市场，这造成了今天看到的市场混乱的局面。

这一现实使得麦克里斯特尔将军（General McChrystal）的演讲在此意义上变得中肯——既然已经介入到住房市场，美国政策现在应当把注意力集中到下一步该采取什么措施上，而不是考虑住房市场应该怎样。那么政府应当对住房市场采取什么措施呢？

政府应当鼓励人们以相应的首付形式来减少债务负担和降低预付资金，而不是以已实施的隐性补贴为焦点。从根本上讲，政策应当取消对金融体系按揭贷款的担保，并取消抵押贷款债务的税收优惠；转而提供一种针对股权（现金）首付的补贴。与此同时，建立政府支持的不动产信托，以便每个人都能够以投资者的身份参与到住房市场，而不一定要"拥有"一套住房；也可以鼓励建立住房期货市场。这些都是代替那些"好心办坏事"的现行制度的更好的、值得考虑的选择。③

---

① 当然，认识到许多美国银行确实拿了不良资产救助计划的钱以及世界各地的银行机构能够在资本市场中筹集到便宜的资金并从而从政府的援助中获益是正确的。尤其是，两家银行都确实利用了隐性政府担保（这使他们能够获得更廉价的资本），这两家公司无疑都从计划中获益从而使资产价格上涨，并从政府的行为和投资者的反应中得到好处。

② 不管"全民自置居所"的政策是不是碰巧是个正确的政策，它都未能被妥善实施。

③ 房地产投资信托基金，参见丹贝瑟·摩耶：*Holding Housing's Head Above Water*。

第三章
负债消费的观念是致命根源

第一节　负债消费的生活方式种下孽根

　　前一章说明了西方长期金融及经济政策中最大的失败,源于债权人无力履行管理股权持有人随心所欲和偏好风险的行为的核心受托责任。过去二十年累积的债务金额是美国经济结构性衰退最根本的问题。美国的个人、公司和政府负债累累,其经济前景充满了挑战和危险。

　　前面描述的系统失灵无疑被未解决的债务问题的范围和程度放大了。所有这些都在追问这样的问题:美国如何和为什么变得如此的杠杆化?又是如何和为什么在现行体系内债台高筑的?这些问题的答案包括两个部分:一方面是对债务贪得无厌的需求,另一方面是宽松的债务供应。

　　本章将要讲述的是,债务需求是怎样被人们对于他们实际"拥有的"而不只是"可控制的"东西缺乏满足而刺激起来的,以及与此相关的,由于人们没有意识到他们的权利,尤其是没有意识到他们在债务积累中放弃的权利,从而是如何导致债务需求飙升的。

　　本章也提及了有关债务供应的内容。当债务需求飙升时,债务供

第三章 负债消费的观念是致命根源

应也被一系列的因素刺激而随之飙升。首先，有些人（主要是中国人）乐于填平债务沟壑。从很早的时候开始，中国人的策略就是采取西方曾广泛实施过的重商主义的做法，追求数量（尽可能多地销售产品，对价格的关注相对较少），而不是追求利润最大化（利润和价格的联系是非常重要的）。的确，只要美国人以购买中国的产品作为回报，中国人就会给美国市场贷款，即便亏本他们也在所不惜，这一点与美国曾经的租借计划颇为相似。

历史在重演，只是这回是不同的演员登场。美国在战争年代出售弹药和枪支，满足了欧洲所需，而中国用大致相同的方式向世界出售一切所需的东西。相似之处不只在于二战后的美国和当今的中国都通过成为商品制造基地和最重要的卖家广聚了经济财富；相似点远不止这些。中国和美国都确信，他们产品的买家会变成他们的债务人。中国在不断为世界（颇具讽刺意味的是，尤其是为美国）提供生活消费品的同时，也在制造债务，并且自己给自己抵押。

在西方发达的工业化国家里，在决策者的一番激励之后，债务也会随之飙升；由任职时间最长的美联储主席阿兰·格林斯潘（Federal Reserve Chairman Alan Greenspan）〔美国联邦储备委员会主席（美国中央银行）〕监管的低利率制度，只不过是慷慨的公共政策导致债务肆意妄为的例子之一而已。当然，金融产品的快速革新和证券化的增长有助于保证和推动信贷民主化，这使得每个人几乎都能很容易地得到这种或那种形式的债务。最后，更多宏观经济因素，诸如 GDP 波动性的连续下降和居民收入方差式的下降，意味着人们错误地相信他们能够承担更多的债务——并且的确借了很多债。

正如世界所目睹的，最昂贵的代价就是资产泡沫的产生，而其中最令人印象深刻的是房市泡沫。

出版一本有关西方资本流失的书，无法不谈到2008年金融危机的灾难。毕竟，它是最近的、最能说明资本配置不当问题的例子。媒体报道——无论是电视、报纸、书籍，还是其他印刷媒体——对金融危机的任何方面的细枝末节都已经进行了严格的审视。不过，还存在着许多哲学性的问题，关乎那些仍未被重视的事件是如何展开的。

资本配置不当的核心是债务问题——债务的过量、债务的挥霍以及现代西方人在组织其生活和管理其经济过程中对债务的反常持有。更为关键的是，杠杆已经扭曲了我们对所有权而不只是控制权的理解，并助长了我们攀比的强烈欲望。但是最不可原谅的是，我们——如政府、公司和个人——贪婪地寻求债务的能力，驱使我们把宝贵的现金资源浪费在一钱不值的东西上。债务，作为西方人的一种生活方式，已经成为一种嗜好。这条道路将是致命的。

美国有大量富有的"穷光蛋"

不久以前，辨认出谁富谁贫相当容易，只要看他们是有产还是无产。有新车、最新的玩具和最先进的小玩意儿的家庭，一眼就能看出他们很富有。而没有这些东西的家庭就是贫穷的。富有的人多半通过辛苦赚来的收入或者继承来的遗产，来为他们的生活方式埋单，但不管怎样，他们有钱。即使是去办理贷款，也只有他们这样的人才有机会这么做。

现在，这幅画面变得越发模糊。几乎每个人都可以享受高档度假、买新车、住在令人羡慕的房子里；然而大量的债务掩饰他们真实的财务状况。这与美国经济中的情况颇为相似，数以百万的家庭显得比他们实际生活要富裕，始终灵巧地支撑着门面。他们忘了，从本质

第三章　负债消费的观念是致命根源

上来说，他们一无所有。

问问大多数住在用抵押贷款买的房子中的人们，他们是否拥有自己的房子，几乎可以肯定答案都是响亮的"是的"。不过这个答案是错误的。从学术层面上来讲，直到他们付清抵押贷款，他们才真正拥有房子。在现实与幻想之间、在所有权和控制权之间，存在着差异。这种概念的混淆不只存在于个人之中，同时也存在于政府思维的核心之中。这是资本配置不当的另一个证明。

一位证券律师（具备较高的融资能力，精通债券和股票业务）最近被问道，当他所住的房子价格下跌10%的时候，他用于抵押的财产将损失多少。他很不情愿地回答道，当然是会损失10%，他的答案表现出一种令人惊讶的无知。很明显，由于他对财产拥有留置权（抵押债务的形式），所以正确答案是应当是"视情况而定"，因为真实的数字取决于他的债务金额。[1]

假设他所住的房子价值50万美金，而他已经投入了10万美金（也就是他的股权，剩下的40万美金为抵押贷款债务），如果房价下降10%，那么他损失的不是他自认为的一万美金，而是他会损失房子全部价值的10%，也就是5万美金。也就是说，他剩余的股权价值不是像他误以为的9万美金，而是只剩下5万美金。[2]

可以想象，缺乏理解力的并不只是他一个人。很可能是，如果连

---

[1] 当然，根据追索权、贷款价值量和股权的不同，房主确实拥有一个 δ 值(亦作对冲值，是衡量期权价格与对应投资工具价格的单位变动敏感度的指标，译者注)。虽然很多买不起房的人通过借债筹集资金购买了巨大的房子，但他们买不起家具。

[2] 从技术角度来讲，他拥有一个 δ 值，即使他的抵押贷款没有追索权，他仍然有股权为零的 505 δ。

他都不懂其中的含义的话，那就没有几个人懂了，而且也确实没几个人懂。像大多数抵押贷款持有人一样，他也错认为自己拥有房子，而实际上他所拥有的只是"控制权"。直到他完全付清了抵押贷款为止他才真正拥有房子，否则他只是个房客。

为什么这种误解很重要？它之所以重要，主要是因为，在这种误解的影响下，所有的西方社会，当然还有其数以百万计的人民，都在以这样或那样的方式负债生活——不管是抵押贷款债务、汽车贷款，还是信用卡等等；而他们差不多也都只是房客，而且什么也未曾"拥有"。不幸的是，政府在此事上也没有表现出应有的明智。

在一个简单的资产负债表中，个人资产等于其负债加上其股权。假如有一个人拥有一百万美金的资产，其中没有债务，就有价值一百万美金的股权；而另一个人拥有价值一百五十万美金资产，其中50万美金为债务，而一百万美金为股权，两相比较，西方大多数人会说，后者胜过前者。

对他们来说，只要你的资产数量看起来庞大，那就是真的庞大，而你如何进行资产筹资并不重要。问题在于，没有人对资产负债表予以全面的关注：关注资产负债表"左手边"（资产栏），自然而然地就忽视了"右手边"（债务和股权栏），人们带着对财富状况的歪曲理解生活着。和抵押人表现得犹如自己拥有了房子完全一样，通常很多人也表现得好像他们真的拥有资产，而事实上他们并没真正拥有。

只有当你拥有100%的资产时，所有权才真正归属于你。真正的（完全的）所有权是最令人信服的控制形式。部分控制——亦即人们对财产进行抵押贷款的那种情况——只不过授予你使用权，在纯粹意义上你并没有拥有它，因为在世界上的任何国家，你的资产（或者抵押贷款的房子）都可能而且将会被夺去。

过度的信用卡消费

西方世界的信用卡文化的到来，意味着人们无法区分自己拥有的和仅仅控制的。信用卡和信贷额度的过量使人们误以为他们拥有的比实际上的要多。[①]

信贷危机也体现在作为硬通货的现金是如何在大多数人的生活中退居次要位置的这一过程中。在英国，直到七八十年代初，超过半数的人每周都用手中的现金支付——买他们的食物、支付账单，去添置以前未考虑添置的东西。但是，1986年的《工资法》改变了这一切。现在，雇主们可以（而且确实）把他们的钱打到银行账户上。以前用的是支票薄，但是毫无疑问，信用卡热潮即将到来。

从1980年到1990年，英国的信用卡使用量增加到三倍。根据英国银行家协会（British Bankers Association）的统计，截至2009年8月，共有6,280万（维萨和万事达信用卡）张信用卡流通着，同时也带来了高达636亿英镑的未偿还的信用卡债务——也就是说，每个英国人拥有1张多信用卡，同时承担着1英镑多的债务。美国人口普查局（US Bureau of Census）《美国统计摘要2008》显示，2005年美国的信用卡持有人达到了1.64亿，有几乎15亿张信用卡在流通，同时未尝还的信用卡债务高达8320亿美金。

[①] 一个无现金的社会其实是大有帮助的，尤其是在你希望资本流动的时候，这就是为什么说债务本身不是一件坏事的原因所在。在资产负债表上保有一些债务是完全合理的（或者说是可取的），问题是定价失当、配置不当和错误的杠杆水平，但是合理的债务水平肯定不是零债务。

信用卡是项了不起的发明。它们便于使用，你不需要去哪儿都带着钱（因此更安全），还有（这是更重要的一点），你可以透支。你可以花得比实际赚取的多。当然，花钱的方法总是比你以前挣钱的方法（租购或分期付款、贷款等）要多，但是租购只适用于特定的情况——你走进一家商店，在表格上签了字，然后带回来一台电视或者一辆汽车。而现在你可以在任何时间走进任何一家商店（在一定限度内）购买任何你想要的东西。突然间，你所拥有的钱不再是现金。在赌场中玩的不再是钱背后的而是芯片背后的心理学。欲望造就肉体。人与钱的关系已经经历了根本性的变化。金钱似乎不再是具体的、可触摸的东西。它以某种方式把自己转变成一种幻觉，一个幻想，一个能实现希望的世界。"活在梦里"，不正是大多数人的座右铭吗？

同样的，像股票买卖这种单调的交易也已经发生了深远的变化。英国政府大臣、前投资银行家麦纳斯勋爵（British government Minister Lord Myners）评论道："我们已经忽视了这样的事实，实际上我们现在没有股票证明，它们都是电子记录的，但是一份股票证明就是一份权利，一份带有一定责任的所有权。"[1] 换句话说，股票证明代表了某种可靠的、真实的东西，它能使员工获得成就感，并感觉到自己比电子化生活更为重要。

金融冷漠感——我们不再接触到钱——已经成为电子时代的先兆，在其中，人际互动不是存在于家中、街上、或你的钱包中，而是存在于屏幕上。梦想已经成为现实。由债务文化培育出的所有权的错误观

---

[1] 麦纳斯勋爵评论：http://business.timesonline.co.uk/tol/business/industry_sectors/banking_and_finance/article6735905.ece。

念并未终结。债务变得如此的平常，这就使得社会迷上购物，而不顾这些东西是否有内在价值。如此一来，买东西之前就再也不需要三思而后行了。

像英国彩票得主维夫·尼克尔森（Viv Nicholson）（有五个丈夫，有豪华的运动跑车，有皮大衣和珠宝无数，时常买醉，最终破产）一样，所有人想做的就是"花吧，花吧，花吧！"如此大规模的毫无节制的花费，只会导致一种结果——泡沫。所有这些行为的后果就是西方资本已经并且现在仍在流失。所有这一切都归结为所有权和控制权。

第二节 "杠杆"效应使债务不堪重负

为了真正了解美国和西方大体上的资本演变，还有为什么泡沫至关重要，人们需要掌握一些基本的工具。

金融里的"杠杆"效应

杠杆存在于信用危机的中心地带。在其最原始的水平上，杠杆和借贷一样，但它把普通借贷提高到一个不同的水平。

比如说，你想购买资产 A。它价值 100 美金，你用你的钱（即股权）当中的 100 美金买到它，当它升值到 110 美金，你将其卖掉赚取了 10 美金，因此股权回报率（ROE）为 10%。现在假设某人借给你 100 美金，你买了两个单位的资产 A。你持有的这两个单位的资产（即投资组合）从 200 美金升值到 220 美金。你卖掉 220 美金的资产，还回你

How the West was Lost

欠的100美金。你通过杠杆赚取了20美金，而如果没有杠杆，你只能赚到10美金。如果不考虑在此案例中你需要承担的利息费用，那么你没有必要动用你自己的银子来赚更多的钱。事实上，借给你100美金的人只是拿回了他的100美金；他没有分享意外收益。从本质上讲，你已经在100美金的股权投资（你自己口袋中的现金）中赚了20美金，这时你的股权回报率达到可观的20%。

所以获得更多的杠杆的能力，或者换句话说，在投资中投入更少的股权的能力，能提高潜在的股权回报率（示例中是从10%到20%）——这是个非常吸引人的建议。因此，金融机构会被这种不费力地获得回报的方式迷住一点也不奇怪。很多银行都高度关注于减少他们的监管资本要求，换句话说，这意味着，金融机构非常热衷于增加他们的杠杆——很多人视其为获得更多金融收益的途径。

对银行和其他金融机构来说，那曾是黄金时代。在过去的十年中，他们和居民家庭、一般企业一起贪婪地借款。用提升杠杆来形容这一现象是恰当的。但是信贷紧缩一旦出现，贷款就会冻结，银行就不得不减少他们的杠杆，要快速去杠杆化。去杠杆化对开拓信贷渠道、恢复借款和贷款的流量来说是必不可少的。去杠杆化的最快形式就是破产，由此提供给个人、公司等的债务额急剧下降到零。虽然不是在所有情况下都会发生破产，但是很多金融机构都发现自己身处这样的境况，例如，美国的雷曼兄弟（Lehman）和冰岛的考普兴银行（Kaupthing Bank）。这就是杠杆如何以及为何倾斜之所在。这里涉及到两个至关重要的等式：

第一，杠杆作用（亦即是借款）等于资产除以股权（现金）（L=A/E）。简而言之，如果一家银行拥有100美金资产，其中10美金是股权，那么其杠杆为10。对于杠杆作用来说最重要的是,管理者采用这种量具作为衡量银行风险的尺度。第二个重要的等式前面已经提及,即银行资产必须始终等于银行债务与其股权之和（A=L+E）。

这些公式共同说明了压垮银行的大灾难发生的始末。简单解释一下哪里出了问题:考虑一下在过去十年里银行生存的五个片段。并不是每家银行都经历过所有的片段,但是很多银行都经历过其中的一些或另一些的境况。

最初在第一阶段,银行有价值100美金的资产,其中有90美金的债务,10美金的股权——如前面提到的那样,银行资产等于债务与股权之和。在此基础上,银行的杠杆作用（资产/净资产）为100美金除以10美金,也就是10:1（或者被10倍地撬动了）。换句话说,在客户付出的每10美金当中,就有1美金是属于银行所有者自己的钱。正如此前在有关杠杆的例子中所详细说明的,危险就在于银行可以利用由杠杆带来的额外收益在任意风险较高的情况下投资和支持投资,而银行的客户几乎没有获得回报或者回报没有得以增加——换句话说,银行使用"被杠杆的"钱来提高他们的回报。银行客户和债券客户本应监管越来越杠杆化的银行,但是由于隐含的障碍的存在——即来自政府如FDIC（联邦存款保险公司）等的担保,他们没有这么做,之前也没这么做过。

在一个信用廉价、债务易得、资产价格（如房产）持续走高、违约成本低的世界,所有的变化都反映在下一（第二个）阶段的银行资产负债表中。例如,银行资产价值从100美金涨到200美金。假设在这个阶段,银行债务保持不变（也就是90美金）,而股权必须进行调整以使这两个金融等式尽早出现平衡。所以如果债务是90美金,那么

How the West was Lost

股权必然从 10 美金上升到 110 美金，以保证 A=L+E；也就是 200 美金。相关地，银行杠杆作用——先前已有定义——等于资产/净资产来，为 1.8 倍——这是个稳固的资产负债状况：杠杆作用减少了，并且初期阶段的情况有所改善。〔顺便说一下，由于资产的核算收益（和实际损失）不仅反映在资产负债表中，它们也必定流经银行的损益表，所以资产价值出现的变化（增加或减少）——我们的例子当中是增加了 100 美金——必然会由于增加了 100 美金的股权而反映在资产负债表中。〕

但是考虑一下，在形势开始转变的第三个阶段发生了什么。在这个阶段，银行资产戏剧性地从 200 美金上涨到 1100 美金，但是同时，由于信用廉价而且银行借款比较方便，所以银行就像世界大部分地区的做法一样，增加了借款额度。这是他们的错误。假设银行股权仍然固定在 110 美金，那么反映在银行资产负债表负债一栏中的借款情况就从 90 美金急剧增加到 990 美金；从而再一次保证 A=L+E。然而，需要注意的是，银行杠杆作用（A/E，也就是 1,100 美金/110 美金，又回到了 10∶1）。

现在，让我们看看，在资产开始下降的第四阶段发生了什么（联想一下 2006 年夏天美元利率上涨引起的房价下跌）。在这个例子中，资产从第三阶段的 1,100 美金下降到第四阶段的 1,000 美金——降幅为 100 美金。虽然在理论上，这 100 美金的跌幅看起来只是个相对无害的下降，但是看看这会对银行杠杆造成什么影响。假设，负债依然保持在 990 美金，银行股金必定从 110 美金跌至 10 美金（反映出资产中下降的 100 美金）。此时，银行杠杆作用从可控制的 10∶1 滑向有风险的并且可以说是难以持续的 100∶1（事实上，这个比例将无限扩大，最终使许多银行、公司和金融机构丧失偿付能力）！

第三章　负债消费的观念是致命根源

房屋价格（和其他银行资产）持续下跌，危机的势头却依旧强劲，留给银行的只有两种选择：筹集更多的股本（他们需要90美元的股本注资以把杠杆拉回到可持续的水平）或者变卖银行资产——这显然能缩小银行的资产负债表，却使得银行机构变小。很显然，如果银行不采取任何措施，杠杆作用问题将只是其中最小的一个问题，因为用不了多久，银行资产将枯竭，银行股权将消失，银行自身也将倒闭。

正如人们在2008年底看到的，在信贷紧缩的氛围下，为银行（事实上，公司和个人也与此类似）筹集新的和额外的股权融资，几乎成为不可能的，留给银行的基本只有一个选择：变卖其资产。但是，想象一下，在一个资产价格暴跌的世界中，变卖资产意味着什么。

在第四阶段的最后，银行拥有1000美金的资产。由于亟需降低其杠杆作用，并将其自己从死亡中拯救出来，银行被迫变卖其资产（在这个例子中，假定银行决定变卖其一半的资产——即500美金）。但这个决定是在(资产)价格下跌的状况下作出的，这就意味着，对银行来说，两方面（变卖或者不变卖资产）都是痛苦的。

首先，虽然银行打算变卖价值500美金的资产，但是这些资产在市场上却不再值500美金，银行实际只能获得250美金。其次，银行试图保留的资产(即剩下的价值500美金的资产)现在也只值250美金，并且还在贬值；根据逐日盯市制度（目的在于尽可能准确反映资产的真正市场价值），资产价值的下降必定会反映在银行资产负债表上。

银行因此所剩下的是500美金的资产，即其由变卖一半资产所获得的250美元的现金，以及额外的250美金剩余资产的价值。然而，好消息是，银行杠杆作用戏剧性地下降了——变为50:1（即A/E=500/10），而悲哀的是，资产负债表反映出了银行已无钱还债。事实

▶ How the West was Lost

上，即使银行动用通过变卖其资产获得的250美金来减少其负债（即从990美金变为740美金），基本的资产负债表公式A=E+L也不再成立，最终银行只剩下负资产。银行资产为250美金，负债却达到740美金，它的股权由此减少了490美金。

这基本上就是在难以想象的大范围中——不同的金融机构、不同的国家之间、全球范围内——所发生的情况。在2008年的大部分时间中，银行都在通过变卖资产和拼命筹集股本的方式来降低过高的银行杠杆（去杠杆化），但这种方式，在许多情况下，都失效了。

《末日审判书》通过合计英国个人和集体资产对本国资本进行了评估。在这个意义上，资产所具有的价值成为衡量国家资本或者个人资本的核心。但是，资产价值快速盲目的增长会导致泡沫，而所有的泡沫都会引起损失，只是有些泡沫会比其他的泡沫带来更大的损失。

资产泡沫产生于交易和报价的时候，因为资产过高，以致其与资产本身的内在价值大相径庭。关于什么是资产泡沫的生硬而实事求是的解释，并不足以描述泡沫产生背后的疯狂之举、一种无法控制的投机狂热——普遍存在的不惜一切代价也要买下资产的冲动。

发生在17世纪30年代末的"郁金香热"是个很好的例证，在此事件中，泡沫达到最高点的时候，一株稀有品种的郁金香的卖价被抬到六倍于当时的人均年工资。郁金香的合同成交价高出一个能工巧匠年收入的10倍。（在1635年，40株郁金香卖到了100,000佛罗林；根据国际社会史研究所的研究，这几乎相当于2002年的1,028,000欧元）。[1]

---

[1] 郁金香狂热：http://en.wikipedia.org/wiki/Tulip_mania。

第三章　负债消费的观念是致命根源

泡沫增长的凶猛（疯狂）以及其背后产生的冲突是值得注意的。经济的良性运行要求资源分配倾向于生产性用途，而泡沫经济却促使资源（资本、劳动力等）转向欠佳的、甚至非生产性的投资领域。不是去投资实体经济（比如家居建材投资），而是把现金投资在见效比较快的金融领域（比如购买住房建筑股），在其中，获取收益的时间短且相对简单。

一切看起来都很好，直到不可避免的事情发生——泡沫破裂。在随之而来的恐慌中，由于股价暴跌，财富被摧毁了。事实上，财富的摧毁是由于资金被投资在无用的、次优的领域——但这只有在资产价格下跌的时候才被意识到。而且，以往泡沫的经验告诉我们，经济衰退期（或萧条期）的经济萎靡往往是长期的，并且是具有毁灭性的。

但是泡沫的性质、其程度、其严重性以及它带来的损害，取决于（a）产生泡沫的资产类型，以及（b）泡沫是否得到银行部门或者资本市场的融资。

资产可分为两类：其一为生产性资产，这一资产能增加现金的数量，并带来恒定的现金流通，如设备、铁轨、牲畜或者公司；其二为非生产性资产，或称之为便利资产（相当于消费），这些资产虽然能够表征地位和产生审美效益，但并不能带来稳定的现金流通，比如一幅画，或者一种罕见的邮票。很明显，从长期来看，促使资金源源不断地流通的资产，会比那种只获得稀有或"吸人眼球"价值却不产生广泛基础的报酬和资本课税的资产，更有利于社会。

随着时间的推移，在美国，家庭、公司和个人都改变了他们的财政状况——尤其是资产负债表——从正向运行的资产负债表（其中，资产带来了持续和积极的现金流量）变为负向运行的资产负债表（其中没有现金流量，只有更加不可捉摸的便利收益资产，如基本没有临时现金流量的服务业和房地产业）。

更确切的说，整个美国的资产负债表都发生了系统的转变，从正向运行的资产负债表转变为负向运行的资产负债表。在正向运行的资产负债表中，资产所分拆的现金流量比抵偿公共服务负债的资金更多，并且增加的横财会逐渐消失，久而久之，这将有助于在基础一致的资产负债表上建立资产状况；而在负向运行的资产负债表中，为了获得足以抵消负债的现金，我们需要通过变卖资产（尽量以高于其最初购买的价格）来取得资本收益，然后将获得的收益用于偿还利息和到期债务。当然，一旦资产价格下跌，问题就出现了。

如果泡沫不可避免，你可以选择由资本市场融资的生产性资产泡沫这一"最佳"的形式，1995年至2000年间的技术繁荣就是个显著的例子。在此例中，虽然泡沫破裂后，股票价值崩溃，但银行系统并没有发生剧烈的去杠杆化过程从而引起信贷收缩，其损失是在可控范围内的。并且，尘埃落定之后，生产性资产最终恢复到其应有的价值水平，并重新进入生产性流通领域。

泡沫中"最坏"的形式是由银行融资的非生产性资产泡沫，日本1986年至1990年发生的房地产泡沫就是这样一个例子。日本股市指数中的日经指数225，在1989年十二月达到38,915的高峰。当泡沫破裂的时候，银行系统倒闭，许多善良的公司（自身没有过错）受到牵连，他们都无力从资本中获得收益。土地价格和股票价格下跌了约60%，只剩下2,500亿美元（日本GDP的6.5%）可供银行资本结构重组。

此外，虽然土地投机犹如一个真正的便利资产泡沫，给人们带来了大笔的财富，但它并没有增加国家的生产性资产。大多数经济学家认为，直至现在，日本仍然没有能完全从房地产泡沫中恢复过来。

房地产泡沫是最危险的

2008年的住房危机是人们记忆中西方最严重的泡沫，不仅仅是由于它给金融部门带来的冲击，而且是因为它延伸到实体经济领域——影响到了人们的工作、公司以及政府自身。[①]该后果所能达到的真正规模还没有显现。这个世界不太愿意承认的是，美国政府如何主持并继续制造和激发了这一最严重的泡沫——由银行贷款带来的非生产性资产泡沫（房地产危机），这也许是因为他们并不怎么理解。

众议员巴尼·弗兰克2005年6月27日在美国众议院发表谈话："在我看来，那些认为房价已经到了足以产生泡沫的临界点的人，忽视了一个非常重要的问题。跟以往不同是，虽然大幅的价格通胀给自置居所带来了一些问题，但是自置居所并没有受到我们在别处看到的杠杆作用的影响。这并不是虚构的情形。我们面临的问题是，人们大量投资于不现实的商业计划中，生产没有需求的光缆。虽然在一定的比例水平下，房价也可能会潮起潮落。但是当人们谈论泡沫的时候，你们并没有看到经济崩溃，因此，我们作为特别委员会的成员，将继续推动自置居所的建设。"

巴尼·弗兰克显然说得没错，住房需求是必然存在的。但问题是，泡沫会导致住房建设过剩。他认为泡沫不同也是对的，然而，认为房

[①] 2008年的金融危机也是通过资本市场融资的，只是银行提高了他们的杠杆以获得比20世纪90年代更多的票据资产。银行选择了异样的表现，因为他们自己的债务资本的成本很低，所以他们变得不重视监管，并卷入了相同的泡沫中。现在的善后事宜也没有处理妥当，国有化、私有化和功能性银行还没有充分发挥作用。

地产泡沫比光缆泡沫"好"就不正确了。相反，房地产泡沫更严重，尤其是在银行部门而不是资本市场为其提供资金的时候。

为什么会这样呢？在很大程度上是由于传统的银行部门发生了变化，传统的金融机构只是给公司和个人提供贷款，而现在的银行扩展了其职能，放出大量现金和债务。

这是怎么回事？（银行贷出的）那些钱又是从哪儿来的？

那种认为西方人、西方的公司、西方国家现金非常充裕的看法，相对而言是切实的。

想想看：假设西方有一家制造风衣的公司，它在国内制造一件高质量的风衣所需成本为100美金，零售价格为150美金。随着时间的推移，由于通信和运输成本的降低、技术进步带来的"及时生产"模式的产生、全球化（世界范围内更广泛的贸易联系和业务网络）以及能获得新兴国家的廉价劳动力，这就使得，在国外生产同样质量、同种款式的风衣，只需要10美金的成本（而在国内的售价仍然为150美金），公司净盈利140美金。

虽然盈利中的一部分会被用于再投资，一部分用于支付西方员工的高工资，另有一定比例的财富则存入当地银行。银行金库因此会资金充实，这就意味着它有更多钱用于发放贷款——这正是它们的职能。X先生想要购买一件风衣，他决定从银行借款购买，而银行由于拥有大量额外资金，也乐于借款给X先生。但在现实中，不只是X先生一个人想买风衣，Y、Z先生甚至其他许多人都会有这种想法，如此一来，银行就会借贷出很多钱。

同时，在越洋过海的千里之外，由于对衣服的需求增长，越来越多的潜在的衣服制造商被吸引到制衣行业，由此引发的竞购战又降低了生产成本。现在，一件衣服的制造成本更加低廉——只要5美金，再回到国内销售，生产商能盈利145美金。当然，相对廉价的劳动力是国外市场之所以比国内市场（美国）更具竞争力的原因所在。

日益增长的需求和日益增长的收益，意味着公司可以将更多的钱存入银行，给国内的员工更多的薪水，给股东更多的分红——每个人都可以获得更多的钱。当然，人们不会只买衣服，他们还会买液晶电视、汽车、橱柜、玩具、衣服、手表，等等等等。广达——一个在中国大陆拥有制造基地的技术公司——主宰了笔记本电脑的生产，为苹果、戴尔、惠普、联想甚至是每一个人提供生产服务，其产量达到了世界笔记本总量的40%。换句话说，制造业的影响是巨大的。

但是，并没有到此为止。那些拥有额外工资的员工以及收入增加了的股东，现在会向银行借得更多的贷款——因为债务越来越大众化了。这自然会导致资产（股票、债券、房屋）价值的上涨和家庭负债的膨胀。

在早期，大量的廉价资金流向美国的金融系统，这意味着美国会出现非通货膨胀性增长（美国金融政策的失败在于没有更好的预测和处理这一突发事件）。廉价融资引起的大多数资产价格的升值刺激了资本和劳动力的不合理分配，因为人们错误地把资产投资于住房，而劳动力人才也被从生产性部门吸走，比如从科研领域被吸引到华尔街的金融服务领域。

当这些发生和存在的时候，政府在做什么呢？

所谓通货紧缩，就是产能过剩或需求不足导致物价、工资、利率、粮食、能源等各类价格持续下跌。世界各国政府面对通货紧缩时，其自然的应对措施是降低利率并使其保持在较低水平，这有助于确保其偿债能力，因为货币的数量会来回变动。而且，由于利率保持在较低水平，人们会选择消费而不是将钱存入低利息的银行账户，这意味着大量现金会注入到经济运行中。

人们往往容易忽略的是，商业银行的核心职能并不是吸收存款，而是发放贷款，并从中盈利。然而，银行拥有的钱越多，他们就越需要把贷款发放出去，同时也就意味着需要寻找更多的借贷者（这最终会反过来给银行带来困扰）。

这听起来不错，因为银行这就拥有了大量的现金。但麻烦的是，这些新增的货币需要寻求拥有它的新主人。

首先，消费增长了（例如，人们花更多的时间度假，购买更多的消费品——在过去的十年里，单就是美国的消费总值从 GDP 的 65% 上升到 72%），资产需求（汽车、住房以及人们能购买的其他项目）也增加了。由于资产价值上涨（因为需求增加），人们为了购买资产而需要的抵押贷款也随之增加。

其次，大量的货币涌入金融系统（银行），发放贷款的压力越来越大，因为人们的需求超出了资产的供给。毕竟，在纽约任何特定的时期都能看到的大量的房屋和有形资产（比如汽车）需要一段时间才能走下生产线。因此，货币需要寻求新的主人，而真正的金融工程由此诞生。

2000 年，金融机构把自己推到了十字路口。人们以及过多的现金都急于寻求新的投资项目，这些现金是在过去十年传统投资饱和的基础上产生的过剩的有效资金。因此基金储备管理者极力要求银行改革并创制出新的投资渠道。

银行为了不倒闭而孤注一掷，迅速做出反应。由于那些掌管着养老基金、对冲基金、私募基金和银行的货币管理者，其生死存亡取决于他们的盈利，他们的年终奖金是依据其业绩进行计算的。因此，银行会思考，怎样才能让这些货币管理者去投资其原先没有投资过的领域呢？

答案存在于数十年来那些投资者和银行都忽略了的领域——最引人注目的、作为次级市场而存在的（美国）房地产市场。

一般而言，当投资者走投无路的时候，为了获得利润，他们不惜将资金借贷给那些信用等级低的人，那些很可能会拖欠贷款的人。但是，由于那些重新包装过的新颖的金融工具如股票和债券的作用，银行业魔术般的把不合格的债务人转变成了合格的投资者。大家都各取所需、各得其乐——养老基金获得新的资金用于投资，银行通过重新包装赢得了更多的客户和红利，而更多的人在住房面前取得立足之地（他们首次获得了曾经可能被拒绝过的抵押贷款）。凡此种种，货币似乎蓄势待发。

第三节　次贷危机的根源

事实上，如今的每一个国家，不管是富裕的还是贫穷的，也不管是独立的还是受政府控制的，都有一个中央银行，来负责监督和管理国家的金融安全。

维持本币和货币供应量的稳固是中央银行的责任，在这个意义上，中央银行掌控着货币的供应和流通速度。系统中货币的数量取决于两个因素：货币存量以及货币流通速度。中央银行通过提高或降低利率来控制货币存量,从而决定货币存量的多寡。跟其他地方一样,在美国,这是通过公开市场交易实现的:美联储在市场上购买(或出售)证券以减少(或增加)系统中的货币数量。

从历史上看,货币的流通主要受商业银行、信托、储蓄机构(如储蓄与贷款协会,这些机构吸收储蓄存款,然后发放按揭贷款)等的控制。在微小的银行体系中,因为银行只需持有少量的存款(通过存款准备金),而可以把剩余的部分全部用于发放贷款,这就使得贷款总数数倍于初始保证金。举例而言,如果你在你的活期存款账户中存入100美金,银行就能贷出1,000美金给企业或个人。那些企业会把一些现金存入他们在银行的公司账户,这样一来,银行又能放出数倍于这些存款的贷款。银行贷款越是简单,货币在金融系统中运转得就越快,从而银行就能获得更多的钱。

此外,中央银行有责任监管金融机构以确保不会有罔顾后果和欺诈的行为存在,并确保当他们遇到紧急情况时有充分的法定权力以便迅速作出反应。中央银行同证券交易委员会一起,共同扮演着金融警察的角色。

中央银行通过三种途径对银行系统进行控制:

第一种途径:利率设定。他们直接设定(短期)利率,从而影响长期存款和贷款利率的制定。第二种途径:通过公开市场操作(在市场上买卖债券),从而调节国民经济中货币流通的数量。购买债券可以增加货币供给,而出售债券则能减少货币供给。第三种途径:调整存款储备金要求——即针对银行存储在中央银行的货币数量。

通过提高或降低利率、购买或发售债券、增加或减少存款储备金要求,中央银行就能调控银行用于发放贷款的货币数量。

最终，这些工具（单一地或者共同地）被中央银行采用，并在管理、控制和打击通货膨胀或通货紧缩压力方面发挥着核心作用。

事实上，戈登·布朗由于在他担任英国财政大臣的十一年里成功地保持了低通货膨胀，而当选为英国首相。他认为他的（英国的）经济政策是成功的，并承诺"将告别旧式的繁荣与萧条"。正是由于持续的通货膨胀严重拖垮了经济的发展局面，英格兰银行被要求写一封公开信详细解释其调控措施为何会失灵以及是如何失灵的。同时，在大西洋的彼岸，只有福山曾预言了"历史的终结"，而联邦储备委员会主席格林斯潘则构想了一个既没有通货膨胀也没有通货紧缩风险的世界。在以不断扩大的劳动力（数以亿万计的中国和印度工人）为特征的新的全球化时代，值得担忧的是，由于工资和商品的价格下降，通货紧缩的压力将取代通货膨胀成为经济生活中最主要的不稳定因素。

不管这种担忧有没有根据，问题是，决策者把通胀－紧缩的权衡看作是评价经济是否成功以及个人事业是否成功的关键指标。这就使得他们忽视甚至抛弃了他们最基本的监督和管理职责，把一个本身规则不健全的世界交给乳臭未干的外包机构管理，或者依赖系统的自律，由此带来的后果是不幸的，其代价是昂贵的。这个鲜明的例子表明了私营部门与政府部门之间关系的腐败，同时，这也增加了对于资产价值重要性（和固有运作方式）的误解。戈登·布朗决定把英格兰银行的传统角色分裂为相互分离并独立的两个部分——一部分制定利率，另一部分（金融服务管理局）规范和监督金融市场。这是试图解决以上问题的经典的案例。

中央银行显然具备有力的理由去关注资产市场的盲目和不合理标价，并对此作出回应，监管方对资产市场也应当予以同样的关注，因此两个部门应当同心协力。然而，布朗的改革却使得利率制定者（英格兰银行）监管着英国宏观经济的每一个扭曲和变动,而另一个组织(金融服务管理局）却与可能威胁甚至摧毁整个经济的现实经济运行脱钩。他们无法知道他们看不到的，他们也无法执行他们不知道的。在这个真空地带，势必需要另外一个主体的介入。

影子银行和衍生工具是魔鬼

在美国，美联储主席格林斯潘作为一个改革者和自我管理的宣扬者，负责监督影子银行系统的增加。这些影子银行系统包括对冲基金网络、私营股权公司以及美联储管辖之外的资产负债表外实体。其中，除了货币流通速度（经济运作的重要组成部分）不再受美联储控制而是受制于私营部门之外，其他部分本质上都是合理的。

随着对冲基金在权力和财富方面的增长，左右金融系统的金钱的数量也随之增加。新的金融工具产生了——即衍生工具，关于这一工具，可以说没有人真正理解（沃伦·巴菲特——我们这个时代最受尊重和最精明的投资者——把它描述为"定时炸弹"）通过衍生工具的复杂网络，影子银行系统能够以惊人的速度进行杠杆，100美金在过去可能被杠杆到1000美金（10倍杠杆作用），现在却可能达到一个天文数字——100美金可能杠杆到60倍（变为6000美金）。这无异于把水变成酒，把铅变成金，无疑是一种最有效的炼金术。

更有甚者，衍生工具的性质是如此复杂，以至于没有人知道其债务大小以及债务的下落。

这一"诡计"最惊人的揭露大概是在2001年12月2日，当时，美国安然公司（号称"家居能手"）——作为美国现代工业力量的缩影——被迫申请破产。①"杀死下金蛋的鹅"的并不是安然财务报表和账目中 131.5 亿美金的债务，而是 138.5 亿的资产负债表外交易和安然负债，公司债务被巧妙地（非常合理地）隐藏在资产负债表外实体上，比如特殊用途车辆中。由此一来，安然公司总债务实际上接近 270 亿美金。

这些特殊用途车辆对于安然公司的意义，就好比大街上的普通人之间借钱却不需要将其写入信用报告。必须指出，这种对经济现实富有想象力的处理并不局限于影子银行系统中。②

政府同样会使用资产负债表外的方式来让他们的财政状况看起来不错。例如，反映政府财政状况的正式记录往往会把政府的主要债务转移到资产负债表外实体中，从而掩盖政府债务负担的真实状况。这就是说，相对于 GDP 数字而言，债务状况能够而且经常看起来比真实状况好很多。举例言之，英国整体数据并没有充分反映以政府拖欠养老金支出的形式存在着的数十亿美元的长期债务。这些在欧洲更是讳莫如深。

随着影子银行系统的财务增长，其实力也逐渐壮大。除了经验丰富的全球决策者如印度尼西亚财政部长斯里·穆里亚尼·英特拉娃以及墨西哥银行行长吉列尔莫·奥尔蒂斯外，其他的如太平洋投资管理公司（世界上最大的债权投资公司）的 CEO 兼 CIO 默罕默德·埃尔－埃利安以及高盛和花旗集团前高级顾问罗伯特·鲁宾，都被招募为国

---

① 参看 2005 年的纪录片《安然：最聪明的家伙在房间里》。

② 当然，就对较低的利差使用多样化和分档来说，这跟垃圾债券市场没什么区别。就其本身而言没什么是坏的，只是人们做了错误的决策。当然，老大难问题是为什么人们要做这些错误的决策，如果要扮演什么角色的话，政府应该扮演什么角色来制止他们。

How the West was Lost

际货币基金组织特别委员会的成员，①该委员会的任务在于评估国际货币基金组织现有决策机制和建议机制的合理性，从而确保基金组织能更有效地履行其全球性的职能。影子银行轻而易举地把美联储推开并使自己成为货币流通速度的主宰。②影子银行杠杆系统不只渗透到政策制定领域，同时也渗透到了银行系统中（此前的非杠杆贷款业务），甚至于实际上渗透到了他们可以赚钱的一切领域。

总的说来，美国和欧洲的房产部门，已经通过银行系统的杠杆悄悄地进行了筹资，去杠杆化的时候，他们就得承担沉重的成本。所以，如果一个养老基金在一个公司投资了100万美金（非杠杆），之后公司倒闭了，损失的就是100万美金，如果银行同样投资了100万美金，借给市场的实际价值就会成倍增长，差不多是1,000万美金。在这种情况下，问题的关键在于，一旦公司倒闭，到底是谁失去了这1,000万美金。很明显，由于政府的资助，整个经济——包括纳税人在内，都遭受了损失。

说得更明白点，正如2008年、2009年我们所看到的，这一切意味着：去杠杆化，以及把钱从受重创的系统内撤出来，必将带来更多的痛苦和损失。那么是什么引发的这场危机呢？

甚至直到2007年春天（仅仅在金融风暴真正来袭前几个月），没人会预测到即将发生的这场危机的严重性。次级贷款是刺激美国自置居所兴起和住房需求上升的关键因素。在1994年到2004年的

---

① 国际货币基金组织治理改革委员会，2008年9月4日：http://www.imf.org/external/np/sec/pr/2008/pr08200.htm。

② 当然，货币流通速度仍然在美联储的控制之中，但是美联储的领导层选择不把重点放在流通速度和货币供应或资产价格上，而是放在货币供应和核心个人消费支出上。

十年中，美国整体自置居所比率从 64% 上升到空前的 69.2%。但正如古语所云，天下没有不散的筵席。金融和房地产市场的繁荣日子是屈指可数的。

次贷危机的真正原因

2007 年，如此受青睐的次级市场瓦解了。正如我们了解的那样，这是预示战后资本主义金融模式终结来临的催化剂。刚开始，抵押贷款拖欠如野火燎原之势席卷了整个金融圈，声势过后寸草不留。到 2007 年底，将近 130 万的美国房产受到了取消抵押品赎回权行动的影响，这个数字相比于 2006 年上升了将近 80%。

尽管政府尽其可能地想去制服它，但是到 2008 年底，标准普尔股票指数的回报还是达到了近 182 年来（即从 1825 年到 2007 年）有记录的最低数字（其在程度上和 1931 年的经济大萧条时相当）。危机依然在加剧。但究竟发生了什么呢？

次贷风波在媒体中经常被描绘成是一个相对新潮的脱离常轨的产物，但是事实上它的前身（也就是借钱给那些表面上负担不起的人）可以追溯到 20 世纪 50 年代政府支持的美国莱维特小镇（Levitt-town）的建设。[①]

房子最初是为了返乡的二战老兵和他们的家眷而建的，通过政府资助的贷款计划，准业主可以付少量首付或者不用首付购买莱维特小镇的房子。最棒的是，抵押贷款往往比在城里租一套公寓还要便宜。莱维特小镇的理想标志着美好生活向美国郊区延伸；同时也做出了一

---

① 莱维敦：《一个理想的美国郊区的文件》：http://tigger.uic.edu/~pbhales/Levittown/。

个光辉的榜样,即鼓励人们不管能否负担得起都要拥有一套住房——这种信念在 2008 年次贷危机中被奉作典范。的确,从理论上来说,如果这一政策执行得恰当的话,可能会帮助人们买得起自己的房子,拥有一个栖身之处;但问题是这一政策根本没有恰当执行。

尽管银行家们由于在次贷金融风暴中扮演了推波助澜的角色而遭到咒骂,但是真正的责任应该由自二战后以来的那些善意的决策者们承担。善意的政策也可能产生不受控制的特权阶级。一旦金融部门从房主的补贴中获得收益,游说和政策反馈就会载入议案——不久之后,它就会站稳脚跟。

到 2006 年,宽松的贷款标准、优惠的贷款条件——甚至对于第一次借款的人来说也是这种待遇——和攀升的房价,诱使借款人去承担越来越多的债务负担,迷惑他们以至于让他们以为可以毫不费力地在有利的条件下对抵押贷款进行再融资。在繁荣时代的中期,每一个人都享受到了抵押贷款带来的盛宴。银行公布了创纪录的利润,投资者锁定了可观的收益,普通人吹嘘着异国情调的假期、消夏别墅和第二辆家庭轿车。

在次贷惨败之前很久,美国政府创立了房利美和房地美,他们正式被授权为辛勤工作的美国人提供有补贴的住房贷款和抵押贷款。政府为了争取选票,保证不会漏掉任何一个人——政府想被看作是在帮助传播财富。如果有什么成果的话,那就是他们支持了高风险的借贷文化。

这项指令来自于高层,是布什和克林顿政府旨在增加自置居所的一个明确目标(甚至可以追溯到吉米·卡特总统任期内)。例如,1996 年,美国住房和城市发展部(Housing and Urban Development

Agency）[1]指示房利美和房地美提供至少42%的抵押贷款，给那些在各自的区域内收入低于平均水平的借款人。2005年这个目标提高到52%。

一条额外的限制性条款是，房利美和房地美必须提供12%的抵押贷款给借款人，贷款不能少于借款人在各自地理区域收入中位数的60%。这意味着到2007年11月，房利美持有的次级抵押贷款价值几近560亿美金。

虽然意图值得称赞，但是"各得其所"的方案在最初遭到了强烈的抗议。例如，2003年9月10日，在一次国会演说中，美国国会议员罗恩·保罗（Ron Paul）[2]指出："政府鼓励贷款给无力还贷的人们的政策将不可避免地引起一场金融业的紧急融资。"他可能是有先见之明的（要尽量提出一项法案来废止这些政策），但是要他预见到产生破坏的规模，这是不大可能的。[3]

截止到2006年一系列利率上调措施出台时，危机的端倪已开始显露。在过去5年里膨胀起来的美国房地产泡沫即将破裂。由于利率越来越高，房价开始走低，抵押贷款的再融资几乎成为不可能，从而导致这一必然的后果——全美1,000个城镇中，人们开始逐条街道、挨家挨户地拖欠抵押贷款。由于利率被设定得较高，次贷和浮动利率率先受到影响。曾经信用等级较低而如今已经转化为更高信用等级（也就是，BBB级变成A级）的家庭不再能够按月还款。

---

[1] 住房和城市发展局：http://www.huduser.org/Publications/PDF/gse.pdf。
[2] 罗恩·保罗的观点：http://www.lewrockwell.com/paul/paul128.html。
[3] 学术/经济评论员努里尔·鲁比尼和对冲基金经理约翰·保尔森都认为，信用崩溃的可能性只是个例外，但是一般地，对市场参与者来说，这种崩溃很明显不是模拟场景。

> How the West was Lost

平心而论，一开始似乎没有人看起来特别的不安。事实上，很多人都同意美联储主席本·伯南克（US Federal Reserve Chairman Ben Bernanke）于2007年3月28日在美国国会的联合经济委员会（Joint Economic Committee of the U.S. Congress）发表的一次关于经济前景的演说中所表达的看法，援引他的话说就是：

"虽然次级抵押贷款市场的混乱对于很多个人和家庭来说，已经导致了严重的金融问题……但在此时，次贷市场中存在的问题对更广泛的经济和金融市场产生的影响，看起来似乎是被控制住了……我们将继续密切监测这一情况。"[1]

然而，产生的效果被粉碎了。在同一个月里，美国的次级抵押贷款价值估计为1.3万亿美金，同时还有超过750万美金的第一留置权次级抵押贷款未偿还。[2] 到2007年7月份（仅仅4个月之后），虽然次级类型的抵押贷款只占未偿还债务的6.8%，但是有43%的抵押品赎回权被取消了。到10月份，大概有16%的次级浮动利率抵押贷款（被称为ARMs）要么拖欠90天，要么已经在取消抵押品赎回权的程序当中了——这大概是2005年比率的三倍。可见事情只会变得更糟。

事实上，翌年的经济前景更是暗淡。2008年1月，债务拖欠率已经升至21%，到2008年5月，变成25%。到2008年8月，美国抵押贷款市场估计有12万亿美金——大概占贷款的9.2%——不是拖欠就是被取消抵押品赎回权。银行同样不可避免的受到连累。

---

[1] 美联储主席本·伯南克的声明：http://www.federalreserve.gov/newsevents/testimony/bernanke20070328a.htm。

[2] 有关未偿还的第一留置权次级抵押贷款的信息，见本·伯南克评论：http://www.federalreserve.gov/newsevents/speech/bernanke20070517a.htm。

到 2008 年 7 月中旬，世界各地的主要银行和其他金融机构报称损失几乎达到 5,000 亿美金。就在 2008 年 1 月到 10 月仅仅 10 个月的时间里，由于所持股票的价值从 20 万亿美金下跌到 12 万亿美金，美国公司的股东的损失高达 8 万亿美金。

随着危机如火如荼的发展，房利美持有 3,247 亿美金的 Alt-A 型抵押贷款（很少需要或不需要把借款人财务状况存档的抵押贷款），而房地美持有大约 1,900 亿美金的同一类型抵押贷款。合起来，他们共持有价值 1 万亿美金的 Alt-A 型抵押贷款的 50% 以上。2008 年 3 月，估计有 880 万的房主——大概占美国所有房主的 10.8%——拥有零资产或负资产（意味着他们的房屋价值低于抵押贷款）。国会议员保罗对救市的预测恐怕要成真。

我们现在面临的情况就是这样。迫在眉睫的经济转型的直接诱因，有助于我们理解全球经济力量从西方到东方的转移。宽松的信贷条件和消费高涨引起过度建设，这导致了房屋存量的过剩；正是 2006 年夏季的供过于求和信贷紧缩引起了房价下跌。认为利率会永远保持在低水平并且房价会持续走高的观念，鼓励成百万的借款人去实施他们永远无法负担得起的贷款计划——这如果不是有勇无谋就是太短视。当然，抵押品赎回权比率的上升提高了可用的房屋库存供应量。

次贷危机对美国人心理的影响和美国人经济的影响一样多——事实上全世界都是如此。它粉碎了繁荣的假象，让人们目瞪口呆。美国最穷的人被劝诱去相信他们可以拥有自己的住房，并从而分享美国梦，但是希望破灭了，现实告诉人们这只是个白日梦。

How the West was Lost

中篇
劳动力和生产率被扭曲的西方世界

◎ 劳动力的不合理配置
◎ 西方国家全要素生产率的增长开始终结

第四章
劳动力的不合理配置

中国的效率

某家世界知名报纸的编辑讲述了一个几年前的故事。那时，他们在日常版面中对一位国家领导人进行了特写。公正和准确（如果言行无害）是对他职业生涯的概括。每一个新版都要通宵印刷，然后在清晨时分运往全国各地。

特别版会及时印刷，但是当报纸放到人们的报箱中或者商店书架上的时候，载有特写的那一页消失了。据说在几个小时内，一群工人被围住要求取下违规的页面。假设扯下200万张纸中的任意一页要花5秒钟（最快速度），那么自接到通知始，这次行动需要大约3,000个工时（1,000个人每个工作3小时）。除此之外，在这一切发生之前，报纸还要经过研读、审核、做出决定和发出指令。

这样高的效率只有在中国大陆才会发生。

第一节 西方养老金制度将陷入最大的"庞氏骗局"

到目前为止，我们的讨论还主要集中在西方世界的现金配置不当上。然而，劳动力也被不当配置了，这再次给西方造成了损害。在整个工业化的西方，劳动力——经济增长中的关键因素——至少通过三种途径被不当配置。

首先，在二战后快速引进的退休金计划，无意中导致了劳动合同的普遍错误定价，从而使得劳动力成本看上去比实际的成本要低。推迟到未来的隐性养老金成本——本质上延缓了劳动力成本——现在开始困扰我们了。

第二，偏爱服务行业超过生产性行业的这一广泛的社会转变造就了这样一个社会：过高的薪酬和奖励多集中于那些社会效益看起来相对有限的人群（运动员、首席执行官、对冲基金经理等），而很少指向那些带来广泛社会收益的行业（例如，医生、护士和教师等）；有害的劳动力定价信号引起了劳动力大批离去。

第三，管理全球劳动移民的法律更加严格、更具限制性。众所周知，美国是最出类拔萃的人才追求的归宿，但是现今的政府政策使得美国对全球人才的利用变得越发困难。这一切都对它不利。

劳动力的两个方面的因素影响着一国作为经济市场胜出的能力：一方面是数量，另一方面是质量——这这两方面，西方都在逐渐失去优势。首先，这是一个简单的人口统计的问题。

基于庞大的人口规模来考虑，西方世界面临的最显而易见的挑战来自于中国和印度。由于固有的压倒性的人口优势，中国和印度总是要跟西方世界在钱财方面进行竞争，尤其是在一旦他们弄清楚了取得经济成功所需的关键的政策要素的时候。西方世界面临过并且还将在至少两个主要方面继续面临人口威胁：

首先，在西方国家，出生于1946年到1964年之间的战后婴儿潮一代，根本不能和他们的父母生的一样多。20 世纪 80 年代人口统计学家开始强调这非常现实的前景：到 21 世纪中期，将没有足够的人口来填补他们父辈在劳动力市场的空缺，婴儿潮一代促进了美国在狂热的生产年月向前发展，但是他们的好日子要到头了。西方的正在老化且数量不断下降的人口必然会对经济竞争能力产生连锁反应。

其次，新兴经济体的一个特征曾经是（现在仍旧是），其大部分人口仍然年轻。对于其中许多国家来说，多年来，有高达 50% 的人口在 15 岁以下，相比之下，西方这方面的数字约为 18%——劳动力资源储备很丰富，他们已经准备就绪且乐于学习新技能从而为新产业配备人员。据推测认为，到 2030 年，新兴经济体加入到全球中产阶级行列中的人数会增加 2 亿，而他们可能产生的过度需求会遭遇劳动力供给壁垒。值得注意的是，类似中国长期存在的独生子女法令的这些政策，会在表面上改变抚养比率，但是现在，西方世界又面临着新兴国家大量人才的崛起。

最后，由于医疗改革和饮食的改善，人们更长寿了。但是与此同时，年轻人生孩子更少，以致于工作的人口数量在萎缩，这必将导致 GDP 的减少。虽然人越健康，其能工作的时间越长，但是人口老龄化增加了社会服务的负担，而且将对卫生服务与私人及公共养老金计划产生重大影响。

正在变老的西方世界

尽管政府意愿良好，但是他们再次推行的火上浇油的政策（这次以养老金计划的形式）使得事情变得更糟了。这一政策不仅使得资源配置不当，而且使工业化国家"泰然自若"地陷入巨大的经济下滑。

1997年，90岁的亚力克·霍顿（Alec Holden）和庄家威廉·希尔（William Hill）打赌，说他自己会活到100岁。威廉·希尔给出的赔率是250/1。2007年4月，亚力克·霍顿赢了。当他取支票时，威廉·希尔声明他们不再提供那么慷慨的赔率了——他们把这一赌注的目标提高到105岁。一位发言人说："如果你准备打赌会活到105岁，那么你可能会获得150/1的赔率——想要获得给霍顿先生的全部250/1的赔率，那么你现在必须已经活到了110岁——并且你只能下注100英镑。"①

死亡率表——由精算师制定的一种一览表，该表对每个年龄层中，一个人在下次生日之前死亡的几率进行了评估——证实了威廉·希尔的想法。2009年10月，丹麦研究老龄化问题的研究人员认为，在当今发达的工业化国家中出生的的婴儿超过一半会活到100岁。在《兰斯洛特报纸》（*Lancelot Journal*）中的一篇报告中他们指出，自1840年和1950年以来，发达国家的平均寿命一直在增加，而且男性和女性活过80岁的几率增加了一倍。联合国对发达国家的核心预测显示，到2050年，将有三分之一的人口靠领养老金过活，十分之一的人口将超过80岁。一百岁以上的人（包括一百岁及年纪更大的）是美国人口增长最快的部分；有记录显示，其从1940年的3,700人增加到约100,000人。而日本百岁以上的人口接近40,000人。

所有这一切就是说西方正在变老。赡养这些日益老龄化的人口需要的效益越少、成本越高，已经不堪重负的财政收支的负担就越重，当然，整个经济的负担也就随之越重；这必将加重劳动力的短缺、

---

① 亚力克·霍顿的故事：http：//www.guardian.co.uk/uk/2007/apr/24/gambling.uknews4。

降低生产率，而且往往会使经济增长放缓。当然，人口老龄化的挑战不只是限于富有的工业化国家。联合国最新的两年一度的人口预测估计，到2050年，所有国家的年龄值中位数将要从如今的29岁上升到38岁。现实是，世界各地的女性生的孩子越来越少（目前全球每个女性平均拥有2.6个孩子，低于20世纪70年代的4.3个，据联合国预测，这个数字将进一步下跌，到2050年将只有两个)，用不了多久，人口天平将会向老年人的一边倾斜。

不过，虽然全球人口形势如此严峻，但是眼前的挑战还主要局限在工业化国家中。问题是，虽然人们默认养活大批领取养老金的人成本高昂，但很少有人正视这个现实——这些隐性成本到底有多庞大。它们必将压垮西方经济。

不堪重负的养老金债务

2008年夏天在纽约，一个商业记者采访一家大型银行忧心忡忡的首席执行官，问他对全球金融危机有什么看法，他有力地回应道："欢迎来到底特律（Detroit）"。

在20世纪50年代的鼎盛时期，密歇根州（Michigan）的底特律是世界汽车之都，拥有三大汽车巨头——福特汽车公司（Ford Motor Company）、通用汽车（General Motors）和克莱斯勒汽车公司（Chrysler）——拥有两百万人口，是美国第五大城市。每六个工作的美国人中就有一个直接或间接地被汽车业雇佣，这就是汽车行业的影响力。曾经左右美国经济的这个庞然大物现今却躺在一片废墟之上，克莱斯勒的破产和曾经坚不可摧的通用汽车被意大利汽车公司菲亚特（Fiat）并购见证了这一切，这不可思议的事情仅仅发生在几年前。

> How the West was Lost

今天，底特律的人口已经下降到只剩下屈屈 80 万居民；曾经点缀城市天际线的那些光彩照人的大厦，现在夷为平地。[①] 也许是由于生产自动化时代的来临取代了汽车工业大量劳动力，也许是由于日本和德国的汽车制造商使得汽车业竞争加剧，但是有一点是可以肯定的，那就是底特律曾经维系其辉煌的汽车业将一去不复返了。除了这些原因，导致美国汽车工业衰退的主要因素就是养老金债务的不断增加和难以为继。

人们留点钱养老这本来没什么错。人人都需要一份养老金。劳碌了一生，虽然可能只为国家的财富贡献了一点，但在他们晚年不再从事生产的岁月里，满足他们的基本需要，这也是无可厚非的。但是当政府精心构筑起一个没有内在价值的体系的时候，反而引起了困难。

忘记伯纳德·马多夫（Bernie Madoff）吧，也忘记艾伦·斯坦福（Allen Stanford）吧，最大的庞氏骗局（Ponzi-scheme）——即西方养老金基金——就像一场迫在眉睫的车祸。像任何运行良好的庞氏游戏一样，其结果将是毁灭性的。一切都将在眼泪中收场。

庞氏骗局是以 20 世纪 20 年代臭名昭著的骗子查尔斯·庞兹（Charles Ponzi）的名字命名的，他设计了一个骗局，用后来的投资者的投资来支付早先的投资者的回报。貌似可信的庞氏骗局"有益地"运行了数年，但到头来新资金的涌入不再能满足旧的需求的不断扩大。庞氏骗局终将失败。

西方工业化国家的政府，通过养老基金非常成功地向其公民兜

[①] 底特律历史：http://www.historynow.org/03_2007/historian6.html。

售了他们永远不可能筹集到的资金。由于错误地认为养老金在以后的生活中可以出售，于是人们选择增加消费，这就导致了储蓄的不景气。虽然养老金计划的结构已经发生了变化——"为未来储蓄"的责任逐渐从政府转移到了个人身上——但是事实上，国家仍然要承担沉重的费用。例如，在美国，2008年养老金法案（公共养老金责任是按照养老金计划的贴现率来计算的）高达2.1万亿美金——大约占GDP的15%。更糟的情况出现在英国，2008年度其养老金费用大约为1.3万亿美金（占GDP的64%）；类似的情况同样存在于欧洲大陆，例如，在德国，政府的养老金支出甚至超过国家的工资法案支出。

如今，来自年轻劳动力收入的新现金流动，永远不能满足不断增长的一大群领养老金生活的人的金融需求。他们逐渐面临着日益严峻的现实，即不得不把更少的钱分给更多的人。在整个工业化世界，年轻人现在面临着令人厌恶的"双重课税"的境况；他们不得不留出一部分钱支付给当下的退休人员，同时还得为自己退休存钱。最终结果就是消费更少、储蓄更多（或者至少理论上说是这样的，因为我们现在知道，2000年初美国的家庭储蓄曾变为负数）。

以其最简单的形式，养老基金的价值等于养老金资产（也就是流入的现金加上养老基金持有的投资的价值）减去未来必须要支付的养老金债务。虽说它们属于未来的负债，但通过贴现公式把未来的债务转换成当前的货币关系，还是可以估算出他们今天的价值的。该公式规定：当前的负债价值等于养老金需求的未来价值除以表征今明两天货币差异的利率；因为明天的100美金没有今天口袋里的100美金值钱。

很明显，当资产下跌或者是债务增加到超出一定界限的时候，会出现养老基金损失。[1]当两者同时发生时，绝对是个双重打击。

这是灾难来临之前的先兆。例如，英国养老基金的崩溃（2000年－2002年）；由于年金义务保证（GAOs）的推行，德国人寿保险在2000年股市泡沫后的惨败收场；执行可变利率年金的北美人寿保险公司在2008年的失败；当然，还有波及全美工业的来自钢铁、汽车和航空企业的大片破产，如此种种，皆因过去的几十年的养老金赤字而使其束手无策。存在的共同主题是：代际之间、雇员与雇主之间的错误定价选择；即一个集团承诺付款给另一集团，但没有适当考虑他们如何支付未来的款项。

最近的例子就是2008年次贷危机。房价的暴跌（当然还有其他的投资资产）大大减少了养老金资产。历史性的低利率加剧了养老金资产缩水，因为这实际上排除了债权持有的任何预期收入。此外，根据贴现公式，低利率环境（旨在援助摇摇欲坠的经济）也会引起养老金债务的膨胀。总而言之，养老基金已经被抛到水中。汇聚在一起的投资使得这种情势更加恶化，就像婴儿潮的一代人一样，他们扎堆进入股票市场投资从而使得股票飙升，并在资金从较危险的股票市场流向"较安全的"债券市场的时候撤出了。由于对债券的需求上升，债券的价格也随之上涨，相反，债券收益率（利率）却下降了。这会导致未

---

[1] 当然，除非有足够的实际回报——由此引发争议。如果投资的养老金有足够的资本回报，那么就不会有真正的问题，这意味着在全国范围内，在一个越来越依赖于比率的环境中，出现一个赡养比率增加的趋势，要么必须从外国经济体中获益，要么必须通过合理的资本配置来提高国内生产率以便补偿——这就是为什么政府债券中"被迫的"投资这么没有作用的原因。

第四章 劳动力的不合理配置

来的养老金负债（按照当前价值计算，未到期的债务由于低收益而大打折扣）上升，养老金赤字扩大。当然，净效应是，一旦时机成熟，未来的养老金的支付（年金）就一文不名了。

根据一份2009年8月由精算师雷恩（Lane）、克拉克（Clark）、及皮考克（Peacock）起草的的报告，英国最大的企业养老基金面临着最大的亏空，这都是金融危机造成的结果。他们估计养老基金赤字超过1,600亿美金——比仅仅12个月之前这些公司估计的650亿美金的两倍还要多。①

如果说过去的经验给我们上了一课的话，那就是错误定价方案带来的损害——政府出售他们无力资助的养老基金——不光对金融市场产生了严重的影响，而且还已经渗透到实体经济的核心肌理中，这一切是通过使人们失业并把数万亿的美金调离生产性投资领域转而支持养老金和其他金融机构而实现的。

可怕的是，2008年金融危机的所有特征和把全球经济置于崩溃边缘各种因素——有问题的金融工程、错误定价方案和配置不当的资源——都可以在资金没有着落的养老金福利问题中找到。再者，看看诸如在可变年金、衍生产品和次级抵押贷款的销售中错误定价方案的附带结果，我们没有理由不去相信政府操纵的养老金计划不会是下一个要销售的对象。事实上，政府养老基金已经给公司的资本不当配置和定价失当火上浇油了。

实际上，当今的所有西方国家都拥有政府资助的养老金限定福利计划，但所有这一切显然是难以持续的。

---

① 雷恩、克拉克、皮考克：《退休金调查报告》。

美国养老金制度陷入"庞氏骗局"的漩涡

在美国,社会保障体系(包括医疗保险和医疗补助)下的公共养老金计划占据美国政府年度预算的40%。养老金传奇在各级政府中流传——联邦政府、州政府,甚至是地方政府。在2008/2009年度的财务结算中,加州公务员退休系统(California Public Employees' Retirement System)和加州教师退休系统(California State Teachers' Retirement System)两者的损失近乎1,000亿美金;相当于其养老金资产的四分之一。[1] 我在写这本书时,加州正在闹一个纠纷,起因是为了减少国家工作人员的工资和养老金成本,加州强迫他们休息(称之为休假)。考虑到房价的全国性低迷,人们会认为他们早就汲取了教训,但是相反,他们仍在向最没有收益的领域涌入。

如果觉得这些惊人的养老金缺口听起来已经够糟了,那么请记住,西方政府通过故意混淆——即资产负债表外核算——掩饰了养老金缺口的真实规模。这种弄虚作假的核算形式,通常仅仅是核心资产负债表的一个注脚,它并不理会未来养老金债务的真正价值,并且能够使政府向公众歪曲他们承受的债务负担的真实价值。当然,对养老金实际情况的歪曲,也使得他们对明摆着的问题甚至对他们自己睁一只眼闭一只眼并半途而废。

公司同样难辞其咎。多年以来,他们被允许合法地回避隐藏着的可怕的养老金负债这一难以忽视的真相。递延收益(以养老金和医疗保健的形式存在)意味着劳动力的真实成本仍隐藏着,这导致了市场

---

[1] 加州公务员退休基金和加州教师退休基金:http://www.altassets.net/private-equity-news/article/nz16323.html。

在至少两个方面的扭曲。

第一，由于不了解养老金福利的真实成本，全美的企业规划策略都深受其害。结果是，错误的战略选择使得企业、整个行业和国家蒙受了严重的损害。企业和全行业——诸如汽车业、钢铁业和航空业——能够不断地把劳动力的真实成本向前推展，而很少关注当该法案最终到期时会发生什么，更别提了解真正的成本有多少了。由于现在成本变得很透明，很多公司耍了花招，让它看起来好像一直在盈利，而事实上过去和现在他们都面临着巨额亏损。

第二，递延收益①也已经导致定价不当，从而对劳动力供给决策产生负面的影响；它鼓励人们优先选择带有固定的并且后附养老金赔偿时间表的工作，而不考虑那些可能需要更多的初级培训和更少的（养老基金）补偿的工作。典型的例子就是，人们如果选择放弃大学教育和一些不可测的未来职业生涯(比方说在一家私人会计师事务所工作)，这么做皆因组织工会的（因此是保护性的）工作中有一空缺职位。很多人根据未来可能的花费对工作机会进行了评估和选择；他们错误地低估了递延收益，转而相信他们100%的能获得价值。然而，未来收益将会全部交付的假设被证明是错误的。

简单来说就是，30年前开的支票，今天不可能兑现；从本质上来讲，留给政府和一些企业的限定收益养老金计划的，只不过是一场场庞氏骗局。

虽然在一些司法管辖区，立法正酝酿把资产负债项目纳入到法律

---

① 递延收益是指尚待确认的收入或收益，也可以说是暂时未确认的收益，它是权责发生制在收益确认上的运用。译者注。

规范中，但是公司和政府有理由对此举的影响感到不安，尤其是在一旦困境的全部真相被泄露出去的时候。可以肯定地说，一旦被揭露出来，有关养老金的真相将会严重影响公司的信用评级、股票价格和这些实体持有的债务的总成本，更别提产生于金融危机救市之后的西方国家的预期债务水平了。有预测估计，2010年美国GDP中债务份额接近100%，从五年前的60%一路攀升而来。对英国来说，据推测负债率将从2005年的40%增加到2010年的70%。

相比之下，中国没有国营养老金退休制度。事实上，它没有任何形式的足以削弱国民资产负债表的错误定价方案。要求中国建立一种国家医疗保健体系和类似社会保障网络的其他养老金方案的呼声越来越高。例如，中国国家主席胡锦涛一直呼吁要加速城乡社会保障的覆盖面，他说到"社会保障的发展对于维护社会稳定与和谐、保持经济增长来说是不可或缺的"，并进一步补充道"政府应当制定出一个最终解决方案，通过增加基本医疗保险、新型农村合作医疗制度、失业保险、工伤保险和其他保障规定，让社会保障制度逐步地覆盖所有公民。"2009年，中国政府宣布，计划在历时十年的医疗改革的第一阶段支出逾1,200亿美金。到2011年，要使中国每个村庄拥有一座诊所；中国表示，到2020年，希望每个公民都负担得起基本医疗服务。[①] 中国被提醒要吸取美国和其他工业化国家的教训，而且应当使任何制度都由专款资助，而不是跨代支付，因为考虑到中国施行了特有的独生子女政策，跨代支付会冒更快崩溃的风险。最终成败与否以及养老金计划的存留或停止运行，全都取决于养老金管理机构实际上如何处理基金。

[①]《中国国家主席敦促推进社会保障体系建设》，新华社，2009年5月23日。

第二节　西方劳动力质量危机

除了劳动力数量外，西方也面临着来自劳动力质量的挑战。根据劳动力质量的大多数指标，西方曾以自己拥有地球上最有教养、最熟练、最具创造力，甚至是最具生产效率的人为傲。然而这一地位变得不再切实。

西方制造业的危机

西方（尤其是英国和美国）花费了过去三十年中的大部分时间，废除了他们的传统工业基地（钢铁制造和造船业），丢弃了他们曾经在培训、科学和技术方面无可争议的优势，转而支持更加卫生的服务行业。实际结果是西方制造能力下降，这并不奇怪。

以伦敦为例而言。在1960年到1990年的这段时间里，伦敦的工业基地急剧收缩。1960年，制造业占伦敦财富总量的30%，但是到1990年这个数字骤然下跌到了11%。在仅仅20年的时间里，制造业中三分之二的就业机会消失了，只留下500,000人在该行业工作。[①]

从伦敦的啤酒业——诸如沃特尼（Watney）、曼牌（Mann）和杜鲁门（Truman）这样的公司——到英国利兰的巴士工厂；从怀特夫莱尔斯玻璃厂（Whitefriars Glassworks）、肥皂制造商皮尔斯（Pears），

---

① 伦敦去工业化：http://www.museumoflondon.org.uk/English/Collections/OnlineResources/X20L/Themes/1376/1127/。

How the West was Lost

到胡佛（Hoover）——胡佛牌真空吸尘器的制造商，没有任何一家制造公司是安全的。伦敦甚至不再是英国制造业的中心；这一惨状被复制到整个英国的工业腹地。在1979年到2006年之间，整个英国制造业的就业人数，从起初占全国就业人数50%的700万人下降到只剩下不到340万人。

制造业车间中的工作机会的减少，更多的是与西方国家对待科学、信息技术、工程学科前途的疏忽态度的改变有关，而与因恶化受到指责的外部经济因素没什么太大的关系。当然，中国公司可以生产更便宜的商品，也正因为如此，这为西方经济体放弃制造业提供了充分的理由（至少其中没有比较优势的论点），但是他们应该在确实有比较优势的领域更加积极地争取一下（稍后将详述）。

在美国，工科学士（大学本科生）毕业生的数量在20世纪80年代中期达到高峰，大约有80,000人；这个数量在新千年来临时下降到大约65,000人。相比较而言，在2008年，中国大约有370万的工科学生——即使按比例而言（考虑到中国的人口是美国的四倍），这也是个很显著的差异。早在1999年，中国超过70%的毕业生的第一学位都是理工科的。而2009年《福布斯》的一篇文章认为，跟工程师相比，美国更偏好坏律师，律师和工程师的比例是41∶1！[①]

越靠近看，画面越恐怖。到2004年，在一项针对18岁到24岁获得自然科学和工程学位的人数的调查中，美国在所有被调查的国家中排名第17；而在1975年，它名列第三。显然质量至关重要，在这一方面西方经受的是缓刑——虽然这不会持续太久——因为中国和其他国

---

① 参考《西方对东方》，《福布斯》（2009年5月11日）。

第四章 劳动力的不合理配置

家理科毕业生的质量尚未达到西方标准。

然而,工程学已经成为过去。尽管在 20 世纪五六十年代,美国最优秀、最聪明的人才大部分都选择了从事商品生产业,以及在煤矿采掘的发明方面不停地工作,但是到了 20 世纪 90 年代,前十名的人才却都转向了服务业——首选职业是银行业和咨询业。毕业生曾经是实干家(诸如 20 世纪五六十年代美国国务院和石油公司的工程师和外交官),之后到 20 世纪七八十年代,他们成为石油公司和技术公司如 IBM 公司的经理,再之后到 20 世纪 90 年代和 21 世纪,他们变成了空谈家,如投资银行家和管理顾问,并且最终他们成了对冲基金的投机商和私募股权投资经理,一直持续至今。

递交给美国总统乔治·W. 布什(President George W. Bush)的《2004 年科学与工程指标报告》以及其姊妹篇《理工科劳动力中存在的新的和关键的问题》的报告,引用了这样一句话:"尽管对理工科背景的从业者的需求继续增长着,但美国市民中受训成为科学家和工程师的人数却在令人不安地下降。"

在大西洋彼岸,情况也大同小异。有关对自然科学的态度摇摆不定的一个更引人注目的例子,是 2004-2005 学年期间格拉摩根大学(University of Glamorgan)技术学院的一份令人不安的报告。该学院的招聘代表为了推动工程学成为集学术与职业选择于一体的专业,访问了英国的 70 所学校,与差不多 1,500 名中学六年级(高三)的学生见了面,他们注意到,对"工程师是做什么的"这样一个开放性问题的常见的回答是:"工程师是修理汽车或洗衣机的。"

想象一下,在 21 世纪的英国,所谓受过良好教育的学生却没有被告知工程师是做什么的,这是多么的不同寻常。想必是因为他们的教

How the West was Lost

育体系认为工程专业与今天的西方社会无关。

拿起一本 20 世纪 30 年代到 60 年代中期任何一个时间段出版的男孩读的年刊，你最有可能在其中发现关于工程壮举、吊桥、铁路和飞机甚至是对原子弹运行原理的描述的文章，但现今已然不是这样了。如今打开同样的读物，关于足球队和男孩乐队的文章赫然在册。英国发明家詹姆斯·迪森（James Dyson）这样说道："当我还是个孩子时，我仔细阅读《伊戈尔杂志》（*Eagle Magazine*），尤其是钻研从警犬导弹到海上石油钻井平台的一切运作……它的内部结构激发了我的兴趣并给了我灵感……童年和成年之间的这段时间发生了什么？我们完全剔除了这些记忆。工程学受到诬蔑，而且我们鼓励我们的孩子成为'专家'——律师、会计师、医生……而工程学几乎成了讳莫如深的字眼。有人说我们现在已经是一个'后工业化国家'，而工程学只是停留在'老式工业'阶段。"

"不担心中国已经产出了 14 倍于英国的工程师。"这种对待科学和工程学懒散的态度弥漫在西方工业化国家的政治体制中。想要找到一个具有工科或者理科背景的总统，人们有必要追溯到美国第三任总统托马斯·杰斐逊（Thomas Jefferson）（1801–1809），他是一个发明家、园艺家、考古学家并且也是一个古生物学家。

除了 2009 年被任命为科学部长的罗德·德雷森（Minister Lord Drayson）之外，没有一个工程师出现在英国政府的最高层中。相反，当前中国国家主席胡锦涛，毕业于北京的清华大学水利工程专业，中国国务院总理温家宝是拥有研究生学历的工程师。

在联合国教科文组织（UNESCO）2005 年的科学报告中，中国为世界贡献了 15% 的研究人员，而美国大约为 23%（考虑到平均经济标准的相对差异，两者的贡献率竟是惊人的接近）。中国有 322 万人从事科技工作，其中有 68% 的人（大约 2 百万人）是科学家和工程师。这些是很重要的统计数据，因为人们普遍认为，一国的科学家、技术人员和工程师的数量与其经济增长和发展水平之间存在着重要、正向的且强有力的联系。

当然，按照比例来算，中国并没有上文所说的那么好。中国有超过 10 亿的人口——占世界人口的 20%，但是这个总数掩饰了研究、实验以及科技领域的出版物的跨越式的发展。我们将在下一章探讨此问题。

退一步讲，人们也许会问，去工业化和（不可避免的）制造业就业机会流失是否真的那么要紧。也许吧，毕竟，这仅仅是经济进步的自然结果，是制造业就业机会从富国向穷国迅速迁移的一种人为结果。

在古典经济学文献中，人们通常认为存在着一条明确的经济增长轨迹，各国借此从一个主要的经济阶段进入到另一个主要的经济阶段，共需经历三个阶段；一般来说，是从农业转移到制造业再到服务业——每一阶段大致与收入水平的提高相符——所以在农业部门在经济中占主导地位的地方（比如在非洲），其收入水平往往比服务业占主导地位的地方（例如美国和西欧）低很多。当然，在很大程度上，这是个错误的对比；在实践中，经济是所有这些部门的混合体，例如，几乎每一个国家都有在农业部门工作的人，但可以肯定的是，在一个国家经济发展的任何一个特定的时间里，这些部门中的其中之一将占据主导地位。我们还可以根据各自不同的价值，划分出第四个部门——研究与开发（R&D）的创新和尖端技术；稍后我们再讨论这个。

然而，去工业化——过去常用于描述从制造业到服务业的过渡——通常被看作是经济衰退的证据；因为制造业所能提供的就业机会比之前少了，而且富裕国家的制造业就业人数在就业人数中总体所占份额下降了。例如，工业化国家制造业就业人数在就业人数总体中所占比重从1970年的28%下跌到1994年的18%，在美国只剩下不到六分之一的工人从事制造业，而在欧洲这个数字只有五分之一。英国的制造业只不过是其曾经的影子，仅仅在过去的十年里，制造业在英国GDP中所占的份额就减半了，从22%下降到今天的11%。

西方政府没有认识到，就如他们把制造基地的地位放弃给新兴的经济暴发户（如中国、印度、韩国等）一样，他们的服务业注定也要重蹈覆辙。大多数英国人将亲身体验到印度在全球服务业如互联网服务供应商、通信、银行和研究与开发中日益重要的作用。曾经设立在英国米尔顿·凯恩斯（Milton Keynes）的呼叫中心，已经如雨后春笋般地在印度遍地开花，而且它已不只是电话公司或者仅具有信息产业后台功能。美国投资银行选择雇请印度公司来处理基本的财务模型和对比分析的趋势日益增长。

与此同时，西方的决策者似乎已经有些措手不及了——对于已发生在制造业并将可能发生在服务业的情况，他们并没有能够做到未雨绸缪。

也许，丢了第一盘棋之后，他们最大的失败与其说是期待有一个领域能激励他们走出随后的经济危机，倒不如说是他们想回头在制造业领域一较高下——一场竞争，即使没有保护主义政策，他们也漫不经心。那么他们本应该朝向哪里呢？他们应该朝向既有的、并在很大程度上继续保持比较优势的研究和开发领域。

当然，虽然他们想要在研发领域有所革新，但很明显地忽视了他们需要用高等教育——工程、科学和技术——来实现这一战略。正是需要专业知识的时候，却发现它们被忽略了。不管是在燃料和能源消耗革新、通信技术领域，还是在交通运输领域，只有真正奉行研究与开发的战略，才可以对抗来自新兴国家制造业的冲击，从而有助于恢复他们在经济竞赛中失去的领导地位。

随着时间的推移，许多人已经认识到了这一点，开始呼吁对西方劳动力进行重加工和再教育，使他们更具全球竞争力，并使他们从老式制造业转移到新兴的、尖端的前沿领域——不管在什么地方——从盒式录音机到随身听、CD 播放机，再到 IPOD。

根据美国国家科学基金会（US National Science Foundation）的统计，制造业完成了 1,690 亿美金由公司资助的研发任务以及 180 亿美金由联邦政府资助的企业研发项目；而非制造业的公司完成的研发任务分别为 730 亿美金和 80 亿美金。具体而言，制造业部门中的主要联邦支出，包括计算机和电子部件（88.38 亿美金）；航空航天产品及零件（50.40 美金），而非制造业部门中的主要联邦支出流向专业性的、科学性的和技术性的服务领域，包括建筑与工程、计算机系统设计和科学研发服务（76.08 亿美金）。

按照名义美元来计算，很显然数十亿美金会继续流向研发领域。但是，大体来说，也许是考虑到研发领域固有的不确定性，有关创新方面的政府政策和私人投资一直想着抽身离去。你永远无法确定它是会将你领向花园小路还是一条死胡同，抑或是下一个伟大的、石破天惊的发明。

西方社会花了 30 年把最优秀、最聪明的人才吸引到咨询业、金融服务业和银行业中,但是现在这些行业在 2008 年的危机中数量锐减。这些人该做什么呢?更重要的是,新一代最优秀、最聪明的人才将何去何从?这些问题在这样一个重视短暂的服务技能而忽视汽车制造业的革新,不再试图使西方重新做回曾经的工业巨头的世界里日益凸显。

西方的"反精英"教育方式存在缺陷

展望未来,劳动力市场的前景暗淡无光,在听之任之的美国尤其如此。

大多数的人口普查预测,美国的少数民族(非白种人)人口不久之后将占大多数。现在占美国人口三分之一的少数民族,预计将在 2042 年成为美国人口中的大多数。到 2023 年,少数民族的儿童在全美儿童总数中所占的比重将超过 50%。预计到 2039 年,劳动年龄人口中超过 50% 以上的将是少数民族,并且到 2050 年这个数字将达到 55%。到 2050 年,美国儿童人口中少数民族所占比重有望达到 62%。按人口来算,美国最大的几个州早已属于"少数民族占大多数"了——这一术语过去常用来形容其种族构成中有 50% 以上的非白种人的美国的州。这些州包括夏威夷、加利福尼亚、新墨西哥和德克萨斯。

很明显,美国对于其人口构成方面的重大转变表现得泰然自若。然而,尽管有这些预测,尽管这些统计数字并不足以说明美国的全部命运,但是这些族群的教育程度依然是最低的且技能是最不熟练的。美国 15,000 个学区和 100,000 所学校在美国儿童教育方面做得极差,尤其是对那些低收入家庭的和少数民族的儿童,他们 9 岁的时候落后

第四章　劳动力的不合理配置

三个年级，而且只有不到一半的学生高中毕业，[1]这些毕业生中有七成不可能从大学毕业。在华盛顿特区，少数民族人口众多，其中只有12%的八年级学生（12岁）就读相应的年级，且只有9%的学生会上大学并在五年后毕业。2007年，当华盛顿特区哥伦比亚学区公立学校校长，公共教育最无畏的主张者米歇尔·李承晚就职时，对学校进行的评估结果是令人沮丧的。那年，国家教育进展评估（NAEP）发现，在华盛顿特区，61%的四年级学生缺乏最基本的阅读技巧，几乎无法阅读；92%的八年级学生在数学方面只具备基本的知识，低于年级应有水平。黑人和白人之间在阅读能力方面相差57个百分点；跟白人学生的87%相比，只有不超过30%的非裔美国学生的阅读能力达到年级应有水平。还不止这些，华盛顿全市高中辍学率高达50%，只有9%的九年级学生能够从大学毕业。在2009年4月的一篇题为《美国教育差距对经济的影响》的报告中，麦肯锡公司作了很好的总结："教育差距是造成美国经济持久衰退的重要原因。"报告还指出，如果黑人和拉美学生的表现与白人学生的表现之间的差距缩小，那么2008年的GDP将会高出3100亿到5250亿美元，即增加2到4个百分点。在其他条件不变的情况下，随着人口结构的转变，即随着黑人和拉丁裔成为美国人口和劳动力的主要组成部分，教育差距对美国经济的影响的程度将越来越高。

　　质量至关重要。大部分证据表明，当发展中国家正在鼓励和培养精英的时候，他们的西方竞争对手则打着平等主义的旗号日益学术

---

[1] "华盛顿特区和更广泛地区的低收入和少数民族学生的欠佳表现"，参考行政概要：《美国公共教育改革中社会企业的角色》，2008年10月14日。

化——更近乎以牺牲质量为代价（当然也会带来扩大机会的益处）。

事实上，"反精英"式的教育在大多数发达国家如英国变得日益普遍，在这些地方，人们抵制筛选或识别出聪明学生，因为如果这么做的话，会识别出差生。这与印度和中国的竞争和排名制度恰好相反，他们正在进行学术淘汰。

教育的意义超越了学习过程本身。教育在为经济成功铺路和保证社会稳定方面扮演了无可争议的角色。缺乏教育机会将会导致经济上的选择少之又少，从而缺乏社会流动性、缺乏希望，这可能会引起最糟糕的社会动乱与不满。这并不是牵强附会和遥不可及的。

经济学家们早就认识到，一个人的抱负和那种认为自己可以过得比父母好、孩子可以过得比自己好的信念，是运转的资本主义模式中的关键组成部分。

全球化自有其好处，但是也加剧了竞争。因此，没有特殊技能的工人在发达市场中已经（并可以继续发现）由于竞争越发激烈而变得越发没有希望，因为公司开始变得全球化，并想要通过全球性的劳动力（和资本）配置以使自己表现得更为出色、更为有效。

另一方面，对新兴国家持续的挑战将继续包括其经济增长的贫乏并集中在精英制度上。如果没有这种基础广泛的做法，这些国家会面临长期的风险——一个（小的）非常富裕的阶层的出现会引起高水平的犯罪和危险，因为缺乏抱负会令其他许多人行动缓慢。新兴国家如何应对这一挑战将最终使他们彼此区别。

劳动力受关注的状况可概括如下：当涉及到劳动力的供给与需求时，"其他国家"轻而易举地取胜了；他们的数十亿的劳动力压垮了竞争对手。多年来，"其他国家"也已经证明了他们在人力资源管理上的

第四章 劳动力的不合理配置

气概——把贱金属变成黄金。有什么东西中国不生产？但是，在组织能力和管理方面他们还有些工作要做，并且在这些方面他们确实比较落后。确切地说，他们获得的学位可能存在质量问题，但是中国人正在迎头赶上，并且极为迅速。他们清楚地意识到了自己的不足，而且正在努力促使一系列的技能与西方接轨并超越西方。

有必要花很大的篇幅去解释经济合作及发展组织（OECD）为何会在最近的一篇报告中指出美国已经在教育方面丧失了领先地位。经济合作和发展组织指出，美国在教育方面排名的下降，"不是因为美国大学的毕业率下降，而是因为其他国家的大学毕业率上升得更快。"在24岁拥有自然科学和工程学学士学位的人数比例中，美国如今落后于欧洲和亚洲的16个国家。在20世纪60年代，美国在发达国家中拥有最高的高中毕业率；而到2005年，美国排名只有第21位。就大学毕业率来说，美国在1995年排名第二，而在十年后的2005年，其排名下降到第15位。

鲍勃·康普顿2009年的纪录片《两百万分钟》作了精彩的浓缩，正如其官方网站所说的："不论国籍，一旦一个学生完成八年级的学业，时钟就开始计时。从那一刻起，孩子们拥有大约……两百万分钟，直到他们高中毕业……两百万分钟去建立他们的知识基础……两百万分钟去为他们的大学和终极生涯作准备……两百万分钟从少年走向成年。"

从这部影片中我们看到，当把美国学生的学业情况及其在学习上所花的时间与中国和印度的学生进行比较时，很明显，美国输了。《经济学人》杂志的另外一篇文章也强调了这一点。美国学年的平均天数是180天，而在亚洲则超过200天（韩国学生一年的在校时间

· 111 ·

更是超过230天；这相当于比美国的学生多上了一年学）。此外，美国学校一天的学习时间较短，一周只有32个小时（这远低于许多欧洲国家学生的一周40个小时），而且，美国学生每天只花一个小时做家庭作业，而中国学生在这方面所花的时间是美国学生的三倍还要多。

美国教育部1983年的一份题为《处于危险中的国家》的报告所反映出的紧迫性是显而易见的："我们在商业、工业、科学和技术创新领域曾经无与伦比的优势正在被世界各地的竞争者超越……我们社会的教育基础正被给国家和民族带来威胁的普遍平庸所侵蚀。"但是除了"不让一个孩子掉队"计划所作的相对较小的努力外，这一紧迫性已经在很大程度上被忽略了。国际数学和科学研究趋势（TIMSS）似乎也支持了这一点。TIMSS在1995、1999、2003和2007年对美国与其他国家四年级和八年级学生在数学和科学方面的成绩进行了比较，在最近的一次排名中，美国四年级学生在数学和科学方面的表现呈现下降趋势。

不只是美国如此。2008年发布的国际学生评估项目（PISA）第三阶段的结果显示，英国的趋势同样令人不安。每三年，PISA都要对来自54个国家的400,000名15岁的学生进行数学、阅读和科学方面的测试，测试年轻人在全球化的现代世界竞争中所需的知识与技能。在阅读能力方面，英国的PISA国际排名已经从2000年的第7位下滑到2008年的第17位；在数学方面，其排名从第8位下滑到第24位。这种趋势显然令人感到不安。

第三节 西方扭曲的劳动力市场

非生产行业的高薪是劳动力不当配置的表现

2009年6月，西班牙皇家马德里足球俱乐部（Real Madrid, the Spanish Football Club）支付给英国曼联（Manchester United）8,000万美金，购买世界上最伟大的足球运动员之一——克里斯蒂亚诺·罗纳尔多（Cristiano Ronaldo）。在西班牙，他的周薪从在英国时的120,000英镑上涨到180,000英镑（按照2009年10月的美元价格计算，大约是286,650美金）。在大西洋彼岸，洛杉矶湖人队（Los Angeles Lakers）的著名篮球明星科比·布莱恩特（Kobe Bryant）在2009-2010赛季的税后净薪预计将达到2,300万美金左右（也就是周薪442,000美金）。与此形成对比的是，英国的平均工资只有24,000英镑（即每周463英镑，并且大多数人挣不到那么多），美国的年平均收入大约为46,000美金（也就是每周884美金）。

当被问及对高薪的看法，西方很多人都会被体育人士的薪俸惊呆，但是尽管如此，他们仍然会调整一下自己的情绪，然后将这种不可思议的收益归咎于自由市场所带来的可以理解和不可避免的奖赏。

很多人没有意识到的是，这些明星的薪水成本巨大。这并不是说钱都被分配给了那些极有天赋的少数人，而是说每一个西方人都需要承担更多的社会成本。这些收入虽然令人难以置信，但它已经成为西方文化的重要组成部分了，因为，正如广告口号所说的，"他们值这个价"。说句公道话，虽然印度板球运动员也拥有高薪，但是一点也不像他们的西方同行。

在这里我们看到，表面上的非生产性领域中的高薪倾向，其实是劳动力不当配置的又一例证。它进一步促进了西方经济的消亡，为西方的经济棺材又钉了一颗钉子，而其意义也只是勉强被承认甚至没有被意识到。

在少数幸运儿的高薪和西方经济衰退的轨迹之间究竟是什么关系呢？罗纳尔多（Ronaldo）或者科比·布莱恩特（Kobe Bryant）所赚取的收入是怎么能伤害到别人的呢？他们的好运怎么会带来西方的厄运呢？

在2005年的畅销书《魔鬼经济学：一个游手好闲的经济学家对万物不为人知的一面的探讨》中，史蒂芬·列维特（Steven Levitt）和史蒂芬·都伯纳（Stephen J. Dubner）描述了芝加哥南部毒品交易中的支付结构。凭借这种交易，高层每周可以赚到数百万美金，而其小喽罗每周装入口袋的才几百美金。小喽罗们之所以愿意为小钱工作是因为他们相信，总有一天他们会走运，会赚大钱。想像中存在着的那一大笔钱形成了巨大诱惑力。但是对于大多数人来说，那终究只是个幻想。

在数百名小喽罗的头脑里，他们如此盘算着支出：取得成功的较小的概率，乘以他们可能大量聚敛到的钱财的金额，要大于他们不能取得成功的较大的概率乘以失败的成本（也就是被捕、受伤甚至是被杀）。这就是碰运气的效果——梦想的价值。

虽然人们似乎明白毒品世界的薪酬计划是如何运转的，但是他们并不知道这有多大程度反映在更加合法的领域。和毒品世界的小喽罗非常相似,西方世界数以千计的年轻的孩子,在他们父母的鼓励下,渴望成为顶级篮球、足球或者网球运动员——无论在哪里,他们稚嫩的技能似乎都会引导他们。在几乎所有的情况下(毕竟只有少数人可以进入大联盟),他们都拒绝承认自己不能达到那种水平。有一个大卫·贝克汉姆(David Beckham)或者迈克尔·乔丹(Michael Jordan),就有一千个没有人看得见的失望的曾想成为巨星的人。

政策完全能够以一个较好的方式介入进去,即针对高收入群体(体育人士等)征收"特别"税,他们支付的赋税可以用来补助那些成千上万的胸怀大志却没有机会进入大联盟的人。从概念上来说,这种"高收入者赋税"与对工业企业征收的环境税没有太大的不同。由于顶级球员薪水的征税比例要受到奖金的影响而改变,因此不但他们的收入会下降,而且被引诱进这些领域的人也会更少。

当然,并不是只有运动员和好莱坞的演员才会从不合理的薪酬定价中收益。上市公司的行政长官以及对冲基金经理也同样如此,并因此而遭到抨击。但是,二者之间却有着重要的区别。区别在于,即便你没有成为前十名的首席执行官、对冲基金贸易员以及占据与此相类的职位,你仍然拥有一个体面的学历和在数学及业务方面的弹性的技能,而这些技能从表面上看,都可以带来更广泛的社会利益。换句话说,对社会而言,一个"失败"的对冲基金经理造成的社会成本要比失败的篮球或足球运动员造成的社会成本低得多。

实际的困难是说服父母做出最好的决定,这样才会给他们的孩子以及整个社会带来最大利益。当然,在大多数发达国家,都存在着一些法律架构,用来保护教育体制和保证儿童接受并获得必要的学力水平。但实际上,这些标准是令人失望的。2009年十月,特里爵士(Sir

Terry Leahy）对此进行了激烈的抨击。特里爵士是乐购连锁超市的领导人——英国最大的雇主——他对英国"低得可怜"的教育标准感到遗憾，并谈到"像我们这样的雇主往往被迫收拾残局。"①

说起支付结构，孩子和他们的家人不光是低估了失败的概率、自行抬高了成功的概率，他们还会低估了赌博的成本，因为打赌的成本几乎总是由社会全体来承担——不管胜负与否。西方国家长期的经济前景最令人担心的是，那些把自己的人格形成时期都奉献给了训练活动却永远得不到金牌的"落选者"，往往只拥有阅读、写作和算术等最基本的生存技能。

在世界大企业联合会 2006 年的一份副标题为《用人单位对 21 世纪美国新晋劳动力的基本知识与应用技能的展望》的文件中，用人单位对美国刚刚就业的高中毕业生的评估令人堪忧。在几个关键的方面，受访的用人单位对新晋劳动力做了如下评估：刚就业的高中毕业生中，有 53% 的人缺乏计算能力，70% 的人缺乏批判性思维，70% 的人缺乏职业道德和敬业精神，而 81% 的人缺乏书面沟通能力。难怪作者给这篇文件加的标题是"他们真的准备好去工作了吗？"。

存在着这样一种情况，西方社会鼓励数百万的儿童眼睛紧盯着那些高不可攀的成就。这种做法不仅可以说是没有广泛社会价值的（不像律师、医生、教师、工程师那样通过训练还能达到），而且其造成的社会不良发展以及年轻人的失望代价需要全社会来承担。西方社会剩下的都是"后进生"的子孙后代，而他们将要面临来自"其他国家"

---

① 乐购负责人关于英国低劣的教育标准的评论：http://www.dailymail.co.uk/news/article-1220140/Tesco-chief-raps-woeful-education.html#ixzz0V9O4OQSs。

劳动力市场的竞争。如果不能在每一个生产水平上超越"其他国家"的劳动力，那么他们必将毫无疑问地经受竞争的考验。

西方社会到底想要什么？是篮球能手还是天体物理学专家？是更多的投资银行家，还是更多的科学家和医生？跟资本类似，最理想的劳动力配置对于一个经济的良好运行起着决定性的作用，关键是要用最佳方式来配置。（美国）政府曾经犯过一个错，它试图以补贴的形式给银行的自由选择以保证，这造成了"太多的银行信贷"以及没有潜在效益的"太多的房子"。而如今在劳动力配置问题上，他们又犯了同样的错误。宽松的劳动力政策会和现存的（虽然是由私人拉动的）激励机制一起，催生出比医护人员和教师多得多的体育明星和社会名流，这才是真正的风险所在。这真的是我们想要的吗？

劳动力被如此不当地配置了，人们现在严重关切的是，即使工业化国家能从金融崩溃中恢复过来，西方世界也很难跟得上日益提高的国际标准。即便在后危机时期，从食品技师、核电工程师，到班主任、医生、护士都会存在职位空缺。2009年，英国招聘与就业联合会（Recruitment and Employment Confederation）的行政长官凯文·格林（Kevin Green）如此说道："如果我们的人员短缺甚至和过去40年里的衰退一样糟糕，那么在人员短缺的另一面，劳动力市场将会发生什么呢？"[①]

这个问题已不仅仅是毕业生质量差，而且关乎职业选择，当然，这个职业选择并不一定是要使自己成为一个经济发展的杰出贡献者。

---

① 招聘与就业联合会的凯文·格林的评论：http：//www.ft.com/cms/s/0/d687094e-918d-11de-879d-00144feabdc0.html？ catid=18&SID=google。

▶ How the West was Lost

看一看著名的麻省理工学院的毕业生是如何进行职业选择的：数据显示，在本科毕业生中，27.2% 的人在金融行业工作，15.6% 的人在软件和信息服务业工作，12.9% 的人从事管理咨询工作。硕士学历的学生同样偏爱管理咨询和金融业，分别有 19.3% 和 14.3% 的人选择在这些领域工作。选择软件和信息服务的占 13.6%，工程学毕业生和生物技术人员都在迈向华尔街。似乎越来越多的人想要成为对冲基金中的一员，而不是渴望成为一名医生或工程师。根据美国人口普查数据，2000 年，有 1,050 万工作人员持有科学或工程学的大专以上学历，在这个数字中，仅有 31%（330 万人）的人直接从事科学和工程学的职业。

美国签证限制扼杀创造力

1996 年，芝加哥大学被迫请一名移民律师处理他们新任命的金融学教授尼古拉斯·巴伯瑞斯（Nicholas Barberis）的案子。巴伯瑞斯出生于英国，在哈佛接受教育，是一个"天才"，并且当之无愧地获得美国政府的特殊签证以方便求职。他们赢了官司，但是如果他们不争取，这位教授将不会得到工作许可。[①] 自 2010 年 1 月起，根据美国新的旅游授权电子系统的规定，所有欧洲人必须提前在线申请签证以进入美国。授权可能会长达 72 小时。经常会出现这样的情况：在美国大学中名列前茅的外国毕业生，在美国开始一份新工作之前都会回国休一个短假，但是当他们准备返回美国时却被拒签了。

在过去的十年里，政府限制外国人进入美国的趋势日益增长。只

---

① 关于尼古拉斯·巴布瑞斯的故事：http://www.businessweek.com/archives/1996/b3498010. arc.htm。

要看看H1-B1签证类型——这是提供给从事需要专业知识的工作的外国公民的专业签证——就知道发生了什么了。[①]虽然与计算机专业相关的申请者占了最大多数,其他的专业类别包括医学、建筑和教育,[②]但是自2004年1月1日起,只允许有不超过65,000人获得H1-B1型签证。

在美国内外,从产业界到学术界,存在着一个广泛的共识,即签证限制正在把美国置于一个严重的竞争劣势地位。麦肯锡公司(McKinsey and Company)在2007年为纽约市市长迈克·布隆伯格(Michael Bloomberg)进行了一项调查,其中一个结论认为,如果纽约想要继续保持其世界金融中心的地位,那么专业签证和商务签证的限制将是亟待解决的最大的问题。

一些投资公司将其衍生工具的运作设在伦敦,出现这样的情况仅仅是因为他们雇佣来领导公司的中国人无法获得所需签证。这种方式正促使国外的美国公司有机会获得他们所需要的人。虽然政治家以保护美国就业机会的名义对签证限制表现出强硬的立场,但是有证据表明,被雇佣的外国人对于创造国内的就业机会贡献巨大。

这并不是说美国正在限制外国学生涌入美国求学。联合国教科文组织指出,美国以外的学生,仍然占据美国科学与工程学学位的大部分。1999年,在美国学习研究生课程的中国和印度的学生人数分别占到总数的35%和25%。该报告接着指出,1999年外国学生获得的工程学、数学和计算机科学博士学位差不多占所有博士学位的50%,获得的自

[①] H1-B1签证限制:美国国务院:http://travel.state.gov/visa/laws/telegrams/telegrams_1391.html。(补充具体)

[②] 学生签证的数量发行在《科学》杂志第5期,2004年3月,第1453页。

然科学博士学位大约占35%。美国相关机构的确通过学费收费获得收益，但是麻烦的是，正当这些合格的毕业生能够为美国的经济增长作出最大贡献的时候，他们却因被拒签而被挡在美国大门外。

2009年10月，在《华尔街日报》(Wall Street Journal)的一篇题为"移民科学家创造了就业机会并赢得诺贝尔奖"的文章中，麻省理工学院的校长苏珊·霍克菲尔德（Susan Hockfield）为当前的形势感到惋惜。她指出，虽然当年获得诺贝尔化学奖、物理学奖和医学奖的九个人中有八个都是美国公民，但是其中四个美国获奖者是在美国境外出生的，而且他们只是作为研究生或者博士后学生或是科学家才来到美国的。她特别强调，在2009年由于见解独到而受到《科学评论杂志》表彰的35名年轻的发明家中，只有六名是在美国上的高中。单从麻省理工学院来看，外国毕业生已经创办了2,340家活跃在美国的公司，这些公司的雇员超过了100,000人。据加州大学伯克利分校（Berkeley）的安娜莉·撒逊（Annalee Saxian）估计，有超过50%的企业家和硅谷初创公司的领导人都不是在美国出生的，其中有超过25%的是亚洲人或印度人。她总结道，在全国范围内，2005年由移民创办的公司产生的销售额达到520亿美金，雇员达到450,000人。尽管事实如此，但是移民政策对他们并不有利。

赞同劳工保护主义的立场既缺乏远见又带有挑衅性，它很明显会对美国的经济带来损害，不仅如此，它还将使自己被竞争对手玩弄于股掌之中。先不说美国的成功是建立在移民财富的基础上的，这种自身回流的做法与有勇无谋一样盲目，尤其是考虑到其日益恶化的教育和学术成就。

虽然有人试图纠正美国的劳工问题，比如，美国总统奥巴马

(President Obama)宣称要拿出 GDP 中的 3% 投资在美国科技领域，这本身是非常明智的，只是这些倡议来得太少，来得太晚。此外，世界上最优秀、最聪明的人因签证仍被拒之门外，可政府在解决此问题方面的举措确实相对较少。

审理时间更长且更加严格的签证政策和申请程序，无疑将会减少就读美国大学的外国学生数量，尤其是来自拥有大量生源的中国和印度的学生。这种趋势早就呈现出来了，美国国务院（US Department of State）记录了学生（F 类）签证申请数量的下降趋势，从 2001 年的 320,000 人下降到 2003 年的 236,000 人。

虽然外国学生仍然会进入美国大学，但是更多的人选择去其他地方施展自己的才华。例如，由亚洲机构授予的自然科学与工程学博士学位的数量增长得愈发迅速。1998 年，亚洲机构授予了大约 20,000 个博士学位，与美国等量齐观。此外，更重要的是，联合国教科文组织的报告指出，在许多方面，亚洲领先大学的研究生教育质量已经提高到能够与由亚洲机构颁发的博士学位的数量相匹配的程度了。

在《大学何以伟大？》一书中，贾米尔·萨尔米（Jamil Salmi）提出了三个因素：优秀教师、研究人员和学生的高度集中；可观的财政预算；制度自由、自治与领导力的结合。诚然，新兴国家的大专院校可能尚未使这三要素的任何一种达到较高的水平，但是，并不能基于此就将他们彻底否定，因为他们不断地在进行重要的、大幅度的改善。在 2010 年 2 月，英国政府宣布，他们将在 2010—2011 财政年度大幅削减大学教学预算 2,500 万英镑，而在同一周，英国《卫报》（Guardian Newspaper）刊登的一个新闻报道指出，现如今中国政府在高等教育上的支出至少占 GDP 的 1.5%。甚至是沙特阿拉伯这样一个以前教育薄

How the West was Lost

弱的国家，也为其公民教育留出了非军事预算中的 26%。

在《让他们的人来吧：打破全球劳动力流动的僵局》一文中，经济学家兰特·普里切特（Lant Pritchett）提供了支持劳动力从穷国向富国迁移、同时富裕国家政治被穷国接受的若干方式。这些方式包括更多地利用临时工许可证、配给证（这在一些富裕国家已经到位），以及依靠双边而不是多边劳动协议等。

美国投资银行高盛公司更进一步指出，过去的十年里移民数量的激增，已经使美国的外国出生人口增加到 4,000 万人（包含在大约 3.5 亿的总人口中）。在这一时期，移民浪潮被认为已经占据了美国劳动力增长的半壁江山，而且它使 GDP 以每年 0.5 个百分点的速度增长。这并不是什么坏事。然而该报告指出，美国的移民进度已经开始放缓，这在很大程度上反映出更为严格的公共政策钳制了移民和移民入境。移民流量减少的最终结果，不只是减少了美国的劳动力增长，而且随着时间的推移，它还会使得一国潜在的 GDP 增长率下降。

第五章
西方国家全要素生产率的增长开始终结

生产率 一个很重要的生产要素

2009年11月12日,《经济学人》杂志(*Economist*)的一篇文章指出,"生产力的增长也许是衡量一国经济健康与否的最重要的标尺";"对于长期生活标准来说,没什么比劳资结合的经济制度的效能提高更要的了。"

到目前为止,本书已经对经济增长的两大关键支柱进行了考量:资本和劳动力。在标准的经济增长理论中,第三个重要组成部分被称为全要素生产率——这种要素对总产出的影响不是由生产投入引起的。全要素生产率被用于解释高达60%的经济增长,而且它通常也被看作是经济增长的真正动力。因此,全要素生产率(TFP)是预示今后几年的经济增长模式的主要指标。

资本和劳动力被看作是衡量一国决心程度的重要因素,而全要素生产率则是一个包罗万象的词语,它常被用于说明那些往往不受直接控制的促成因素——例如天气。其他还包括法规、财产权、人权和言论自由等。技术增长和效率——被视为全要素生产率的两个最大的分支——也许不太明显,虽然很多国家可能会努力实现这两个方面,但是他们不能保证一定能实现。就像货币带动了资本积累,人力和技能

> How the West was Lost

推动了劳动力输出那样，由创新引发的效率（把一般的事情做得更好、更快）导致了全要素生产率的产生。事实上，西方优势地位的取得都与创新发明息息相关。

第一节 全要素生产率是关键

西方曾经的技术优势

詹姆斯·瓦特（James Watt）——第一台蒸汽机（1775）；埃里·惠特尼（Eli Whitney）——轧棉机、毛瑟枪的通用部件（1793，1798）；罗伯特·富尔顿（Robert Fulton）——哈德逊河（Hudson River）上定期汽船服务（1807）；塞缪尔·F·B·摩斯（Samuel F. B. Morse）——电报（1836）；埃利亚斯·豪（Elias Howe）——缝纫机（1844）；艾萨克·辛格（Isaac Singer）——改进并销售豪（Howe）的缝纫机（1851）；赛勒斯·菲耳德（Cyrus Field）——横越大西洋的电缆（1866）；亚历山大·格雷厄姆·贝尔（Alexander Graham Bell）——电话（1876）；托马斯·爱迪生（Thomas Edison）——留声机、白炽灯泡（1877,1879）；尼古拉·特斯拉（Nikola Tesla）——感应电动马达（1888）；鲁道夫·狄塞尔（Rudolf Diesel）——柴油发动机（1892）；奥维尔·莱特和威尔伯·莱特（Orville and Wilbur Wright）——第一架飞机（1903）；亨利·福特（Henry Ford）——T型福特汽车、流水线（1908，1913）。[①]

---

① 工业革命发明家：http://americanhistory.about.com/library/charts/blchartindrev.htm。

第五章　西方国家全要素生产率的增长开始终结

工业革命的这些发明从根本上改变了世界的运转方式和人类的生活方式。这些发明创造的共同点是，它们都诞生在西方，虽然工业革命前的历史告诉我们，发明创造并没有局限在美国，也没有被西方国家所垄断，中国同样是发明创造的源泉。

不过，无可争议的是，在20世纪的大多数时间里，西方国家的创新浪潮一波接着一波，由此，它对技术的持有始终超过世界其他国家。蒂姆·约翰·伯纳斯·李爵士（Sir Timothy John Berners-Lee，万维网的发明者）、比尔·盖茨（Bill Gates，微软的创始人）、拉里·佩奇和谢尔盖·布林（Larry Page and Sergey Brin，谷歌背后的天才）都延续了这一传统。但是曾经被西方国家把持的科技垄断，现在已经被完全打破了。的确，在不远的过去，任何新技术几乎可以肯定都来自于美国，但是现在就不一定了。

后来居上的"其他国家"

上个世纪中叶，日本占据了在汽车工业、电子业和钢铁制造业等领域的技术创造领先地位。最令人难忘的发明是1979年发明的随身听，它使整个世界听音乐的方式发生了深远的、革命性的变化。从那以后的几十年里，新兴的"其他国家"也以这样或那样的形式在技术和医学领域取得了巨大的成就。举几个例子：

吴健雄，人称"东方居里夫人"，她是一名德高望重的中国物理学家，曾为哥伦比亚大学（Columbia University）的曼哈顿计划工作过（被认为是可以胜任此工作的唯一的华人），在此计划中她帮助开发了一个浓缩铀的程序。然后就是最近去世的饱受争议的华裔科学家钱学森，他是加州理工学院（California Institute of Technology）喷气推进实验室的创始人之一，在导弹技术和火箭科学的发展中起到了核心作用。2008 年，印度的"月球初航 1 号"（Chandrayaan-1）成功降落到月球南极附近，在空间探索领域中造就了亚洲的声誉。

西方世界可能暗自期待这种挑战西方发明的想法会以屈辱的失败而告终；他们暗自期待新兴国家无法应付复杂的新技术，也没有能力仿造，即使当仿造英法协和式超音速客机时（Anglo-French Supersonic Jet Concorde），也会遭受和俄罗斯同样的命运——图波列夫设计的图－144（Tupolev Tu-144）①，在 1973 年的巴黎航展中不光彩地坠毁。其他的暂且不论，即使是不幸的"协和斯基"事件本身也值得引起重视。毕竟它确实飞行过，而且在俄罗斯一直用作商业用途，直到 1978 年止。

久而久之，夺取西方国家技术优势的努力更加猛烈，也更加声势夺人。在骨干技术和医疗进步方面的争夺也会接踵而至。

在南非格鲁特舒尔（Groote Schuur）医院工作的南非医生克里斯蒂安·巴纳德（Christiaan Barnard），于 1967 年 12 月成功进行了世界上第一例人体心脏移植手术；2009 年 9 月，泰国的科学家首次宣称他们的实验性的艾滋病疫苗能降低病毒感染的风险；今天，在印度医疗保健领域程序革新方面取得的令人羡慕的成就中,德维·谢蒂医生（Dr. Devi Shetty）的诊所做的心脏搭桥手术的数量，超过身为美国医疗机构领头羊的克利夫兰诊所（Cleveland Clinic）的两倍。2008 年，谢蒂诊所的外科医生做的小儿心脏手术数量是波士顿著名的儿童医院的两倍还要多。据估计，大约 12% 的印度心脏手术是由谢蒂医生的团队完成的,而手术费用只是美国的一小部分。难怪德勤会计事务所(Deloitte

---

① 也被称为"协和斯基""Concordski"，意即"苏俄版和谐机"，译者注。

一份报告说，有约六百万的美国人（2007年上升到750,000人）希望前往其他国家接受负担得起的医疗保健。①

中国和秘鲁正在领导干细胞研究小组。墨西哥被认为是所谓的"干细胞旅游"的主要中心，在国际干细胞协会（International Stem Cell Institute）的资助下，人们可以在那里进行若干例干细胞的治疗。以Lasik技术②为基础的激光眼科手术现在也成了一个很常见的手术——由哥伦比亚的眼科医师何塞·巴拉奎（Jose Barraquer）于20世纪50年代在哥伦比亚的波哥大的诊所发明，并由俄罗斯人在20世纪70年代进行了完善。不过别管过去了，让我们向前看。

在中国2008年奥林匹克运动会即将到来之际，北京市人工影响天气办公室（人影办）通过卫星、雷达、飞机和一台超级计算机跟踪该地区的天气。气象工程师动用了两架飞机、一个炮兵连和城市周边的火箭发射基地，向云层发射了银碘和干冰，以便使雨在到达鸟巢体育场之前被释放出来。任何碰巧经过的雨云都被施用了可以缩小雨滴的化学制品，由此保证当云层通过的时候不会下雨。

北京人工影响天气办公室只是全国范围内诸多操控天气的人影办中的一个。中国天气工程项目是世界最大的，拥有1,500名人工影响天气专家，主管着30架飞机及其机务人员，还有40,000名兼职员工（主要是农民）。有7,000门高射炮和5,000个火箭发射器用以炮击云层（应当指出，是美国科学家于1946年在实验室中取得了造雨和控雨方面的关键突破）。

---

① CNN，"低费用吸引美国患者到境外接受治疗"：http://www.cnn.com/2009/HEALTH/03/27/india.medical.travel/index.html

② 准分子激光原位角膜磨镶术。译者注。

> How the West was Lost

对于中国和世界来说，能够控制天气是意义重大的。这项技术可以使广大的土地肥沃起来，而且从理论上来说，对减少干旱、避免洪水和粮食丰产具有深远的意义。并且，控制天气的能力同样具有其军事方面的价值。

人们只要记住二战中盟军于 D 日①在诺曼底登陆，以及艾森豪威尔将军（General Eisenhower）根据天气预报员的建议不得不做出的扣人心弦的决定，就会意识到不同的天气会决定人的生死存亡。

在 6 月诺曼底登陆前几个月，天气状况一直比较稳定，但当作出 6 月进攻的决定的时候，天气前景开始变得越发黯淡。正如历史书告诉我们的那样，盟军军事战略家对一切进行了计划——军队、设备、炮兵甚至还有猛攻日期，但有一件事情他们无法计划，那就是天气。对中国而言，2008 年控制奥运会期间的天气，只不过是他们对天气的控制的开始。

西方世界不珍惜自己的技术优势

当这一切还在持续的时候，技术和创新方面的干扰和破坏已经在西方显露出来。

第一，技术进步被窃取、滥用或者干脆拱手相让给世界其他国家……白送；第二，甚至当技术没被窃取时，用于研发的专项资金也正在不断地减少，这导致了对创新活动和美国工业亟需的关键领域科技投入的缺乏；第三，剩余资金又要重新定向，这对整个社会来说是毫无益处的。

---

① 1944 年 6 月 6 日。译者注。

第五章 西方国家全要素生产率的增长开始终结

在 20 世纪过去的 30 年里，西方世界已经向其最致命的竞争对手们进行了技术转让。当然，这不会给那些拥有技术专利的国家带来什么损害（在一个全球化的世界中，利益可以共享），而人们关注点是那些对研发部门进行投资的国家——主要是西方工业化国家——获得技术创新的合适价格。间谍活动和侵犯版权意味着从西方到"其他国家"的技术转让几近免费。接踵而来的技术转让部分是出于自愿，部分则不是。

"协和斯基"事件证明了技术可以而且也会被挪用和利用。不过这种见解并没什么新意。工业间谍活动曾是冷战时期的主要工作组成部分，而且今天它以最有效的形式继续上演着。

由于"其他国家"黑客访问其信息技术系统，美国政府每天要应付 40,000 次攻击；据称，一个被认为来自中国的名叫幽灵网（Ghostnet）的间谍网络，已经危及到北约（NATO）以及世界各地的外交部、大使馆、银行和新闻机构使用的将近 1,300 台电脑的安全；[①]2009 年 4 月，现任及前任美国国家安全官员报告称，网络间谍已经渗入到美国的电网，并留下了可以破坏系统的软件程序。依其所述，间谍来自中国、俄罗斯和其他国家，肩负着操纵美国电力系统及操作装置的使命。这只是冰山一角而已。

2009 年 8 月，《外交政策》杂志（*Foreign Policy*）警告说，"没有掌舵人，美国将在网络空间战中失败。"文章继续指出，2009 年，中国庆祝了《超限战》一书出版 10 周年，这是一本由人民解放军的两

[①] http://www.telegraph.co.uk/news/worldnews/asia/china/5071124/Chinas-global-cyber-espionage-network-GhostNet-penetrates-103-countries.html。

名上校合著的政策性读物,该书广受欢迎。它阐述了中国如何能凭借电子战的优势来打败拥有技术优势的对手。据估计,现今中国拥有100,000名有能力窃取武器研发情报的黑客,并使需要利用这些平台来部署最现代化部队的指挥和控制系统失灵。2007年,军情五处(英国情报部门)处长乔纳森·埃文斯(Jonathan Evans MI-5,British Secret Service)警告说,有300家企业曾受到了中国网络的攻击。

从西方到"其他国家"的技术间谍活动的增加,使得位于新兴国家的竞争对手公司能够以更低的成本制造出同样的商品。西方的专利技术不再是什么专利,至少部分来说不再是了,这就解释了为什么针对中国"发明家"的专利诉讼案件从2003年的7,500件增加到2007年的17,500件,数量增加了一倍多。甚至于,中国已经设立了超过50个法庭来专门处理知识产权案件,发表在2008年4月的《经济学人》杂志中一篇文章的标题更是道出了这一切,《85万件专利诉讼案:经商在中国》。

技术优势本应使西方一直处于领先地位,但情况并非如此。甚至当技术尚未被剽窃时,西方的领导地位也已不复存在。西方公司拜倒在生产的低成本的诱惑之下,络绎不绝地在新兴国家设立工厂。但是西方国家对于此类(涉嫌非法的)知识产权的转让并没有特别在意,这种转让行为甚至是被默许的。

西方国家总认为新兴国家只能是落伍者,他们会因为这种文化上的狭隘性感到内疚吗?由于对自己的文化优势有着先入为主、定势的看法,西方世界认为这些新兴国家本质上是落后、头脑简单、土里土气的,当然永远不可能成为他们真正的经济竞争对手。这种想法不过是自欺欺人。随着生产流程的机械化,新兴国家带来的挑战被证明是令人生畏的。乐观的看法是,新兴国家取得的任何经济进步,仅仅是提供了一个拓展西方市场的机会，而并没有对西方市场构成威胁，新兴国家将会变成西方商品额外的消费者。

西方世界还存在着丧失技术优势的另一种可能——在研发领域，西方世界几十年来苦心经营的研发技术不断被免费送出。这种貌似慷慨的行为，虽然看似有利于所有人，实则会消耗巨大的成本并对全球社会产生危害。只有在今天出售的技术所获得的回报和利润能用于资助明天的发明时，一个有效的研发体系才达到其最佳状态。但在一个提供免费服务的体系中，没有任何盈利被用来为未来的突破性进展提供资金支持。

然而，慷慨至极的西方，继续给世界提供大量的免费礼品：它维持海上航道的治安、打造相对较高的社会与环境标准（这些事情其他国家都没有做），美国近乎单枪匹马地重建欧洲的同时，还包容着极权主义的蔓延。例如，2007年，美国的国防开支在GDP中所占份额接近4%，英国这部分开支大约为GDP的2.5%，而在中国（到2010年它可能会成为世界第二大经济体），其军费开支所占GDP的比重却徘徊在接近1%的水平。

美国的慷慨施舍通常被认为是扮演着世界警察的角色，但无论如何，这都是要花钱的，而且需要花大钱。制药行业体现得尤为明显。

制药业每年要花数十亿美金开发药物来对抗多种疾病——艾滋病、癌症、心脑血管并发症等。药物的开发需要在实验室进行详细的运行试验，先在动物身上，最后在人类身上进行试验，其间还有很多尝试会中途夭折,最终有效的药物才能出现在商店的货架上。在某些情况下，反复实验、不断摸索的过程可能长达十多年。不管需要多长时间，严酷的现实是，只有一小部分的研发成果会成为在柜台销售的实际药物。

> How the West was Lost

　　就开支方面而言，美国是全球医药研发中无可置辩的领袖。

　　根据联合国教科文组织 2005 年科学报告（UNESCO 2005 Science Report）和联合国教科文组织统计研究所（UNESCO Institute for Statistics）的统计，全世界把 GDP 中的 1.7% 专门用于研究和开发——大约是 8,300 亿美金。北美在世界研发总开支中所占的份额是 37%（主要是美国，仅它就占了 35%），欧洲占 28.8%，排名低于亚洲。亚洲的份额保持在 31.5%，其中日本贡献了 12.8%，中国贡献了 8.7%，中国的贡献是从 1997 年的 3.9% 开始上升的，而拉丁美洲（2.6%）和非洲（0.6%）的贡献在大多数情况下是无关紧要的。

　　一份 2005 年的报告称，据估计，美国花费了总体卫生经费的 5.6% 用于生物医药研究上，比其他任何国家都要多。但是工业研发部门的政府补贴却已经从 1953 年高峰期的 40% 大幅下降到 2000 年的 10%。根据国际商业监测公司（Business Monitor International）的统计，2008 年美国人均药品费用支出为 1,018.2 美金，相比之下，中国的人均支出只有 27.6 美金。在人均医药经费支出中，法国落后于美国居第二位，其人均开支介于 200 美金到 784 美金之间。[①]

　　2001 年，美国用于工业研发的基金总额分别包括 1,810 亿元美金的公司基金和 170 亿美金的联邦基金。2000 年，美国工业已经为研发部门提供了 66% 的资金，并完成了 72% 的研发工作。除了联邦政府和私营企业基金外，其他机构如大学、州政府和非盈利组织的也在某种程度上（虽然较少）参与了研发。根据联合国教科文组织的统计，

---

① 汉密尔顿·摩西三世等人：《生物医学研究的财政剖析》，引自《美国医学协会杂志》（2005 年 9 月 21 日）。

美国的私营企业已经在研发绩效方面取得了优势地位，从1953年的189亿美金增长到2000年的1,996亿美金，取得了十倍的增长。但不是只有私人资金对研发进行了资助，在过去的几年里，用于联邦政府资助的研究和开发中心的特别预留款项的数额一直保持在每年50亿美金左右。在1965年到1992年期间引进的21种最重要的药品中，有15种药品的开发利用了联邦政府资助研究项目的知识和技术。[①]

虽然美国在研发支出方面仍旧处于领先地位，但联邦支出在美国国家研发经费支出方面所占份额却在稳步下降，从1965年的约65%下降到2000年的约25%。政府对工业研发的补贴也已经大幅下跌，从1953年高峰时期的40%下降到2000年的只有10%。

尽管有这么多的投资，尽管大多数药物都受到专利权严格的保护，并且专利权应该对开发者及其发明保护至少50年〔辉瑞制药，立普妥专利——史上治疗胆固醇最畅销的药物——的拥有者，只拥有了自己的专利14年（1997-2011）〕，但是许多药物还是找到了进入新兴市场的途径，以低成本仿制药的方式。这些仿制药品在新兴国家消费并生产，成本的低廉促使了它们的出现和发展。这些药品大大蚕食了药品制造企业的市场；不只是现在，还有未来，更多廉价的仿制品涌进需求最大的地区。

对于很多制药企业来说，这意味着投入了价值数十亿美金的时间和金钱来开发可以对症下药的药品，却永远无法收回全部成本。换句话说，西方国家常常感到有义务来资助全世界的卫生事业，而没有要求世界其他国家为它分担成本。当这种道德感与医药工业联系在一起

---

① 美国联合经济委员会（2000）：《医学研究的优点与全国卫生研究所的作用》。

时，利润就成了一个遭忌讳的字眼。虽然这些公司仍在赚钱，但他们始终面临着缩减利润来承受因好心施舍而带来的压力，这就减少了用于资助进一步研发的资金来源。

传统的西方公司已经无法遏止药品降价的趋势。在全球范围内，穷人之所以购买仿制药品是因为它们最便宜。此外，美国和欧洲的制药巨头是否削减其药品价格都是无关紧要的——这没有什么太大的区别。他们永远无法削弱印度、巴西或是中国的公司的生产和获利实力。

那么他们为什么不在巴西或者其他成本低的地方建工厂呢？归根结底是因为这些公司无法赚到足够的钱来支持投资。2009 年，英国最大的制药企业葛兰素史克公司（Glaxo Smith Klein）的领导人慨叹道，公司在欠发达国家赚取的利润额还不到 1,000 万美金（500 万英镑），而研发和销售的实际成本却接近十亿美金。无法持续下去，到头来每个人都会受损失。仍旧处在医疗领域创新前沿的西方制药公司，在艾滋病毒和艾滋病变种的研究方面已经花了很长的时间，将来却要为那些贫困国家和新兴国家的平民埋单。此外，当各个公司开始做同样研究，比方说癌症、心脏病和艾滋病研究时，集体行动问题——即重复研究——自然而然就出现了。

从长远来看，美国和西方国家做不起世界的守卫者和资助者。和其他全球公共产品一样，他们应当采取更强硬的立场让其他人共同为自己的真实成本埋单。目前，"其他国家"占据全部优势，而未受什么损失。然而，对西方国家来说却有很多损失。研发的搭便车问题导致了这样一种情况的出现，在此情况中，美国正在经历着一个长期存在但又不可持续的经常性账户赤字。当美国为从中国等国家进口的商品和服务付了全价的时候，它只赚回了一小部分成本，这部分成本可以而且本应当从它的制药（或其他技术）出口中赚取。所有这些都加重了贸易赤字。尽管如此，美国其实仍有机会通过正确的运作来矫正这些不平衡。

2007年2月9日，加拿大、意大利、挪威、俄罗斯和英国政府连同比尔·盖茨和梅琳达·盖茨基金会（Bill and Melinda Gates Foundation），一起投入15亿美金发起了第一个先进市场承诺（AMC），这是一份旨在加速新疫苗开发和利用的契约。说到工业化国家，这个先进市场承诺契约，意在使工业化国家的疫苗市场、医药市场和药物市场〔尤其是那些往往被最大的（私人）研发预算忽视的药物〕与发展中国家的规模和确定性相匹配。这显然是医疗保健领域中一个受欢迎的创新之举。

西方世界错误地认为自己的经济优势永远无人能敌。曾经构建出西方世界优势的技术，像一首进行曲一样，最终被用来对付他们自己。西方世界被诱骗了？被戏弄了？忘掉工业间谍和试图降低成本的尝试吧，在国内，西方的工业巨头趴在方向盘上睡着了。这不只是因为中国人掌握了能帮助他们提高生产力的技术，也不只是因为美国公司转让了他们的工厂和技术（总是会对西方优势地位的丧失有所影响），还因为随着时间的推移，西方公司已经（心甘情愿地）割让了他们的领导地位。

第二节　亚洲将引领新一轮科技浪潮

2008年11月18日，美国汽车业三大巨头通用汽车、福特汽车公司和克莱斯勒汽车公司，绝望地向美国国会呼吁启动救市方案。美国历史上最强大的汽车公司竟变得如此潦倒。这是怎么发生的？原因完全可以归结为技术创新的一种任性的、偏执的盲目。

首席执行官们毕恭毕敬地来到华盛顿，选择了与他们的身份最不相称的方式来参加会议。每个人都坐着自己的私人喷气式飞机，每架飞机一小时的飞行成本约为 10,000 美金（即一年超过 8,400 万美金）。美国国会议员加里·艾克曼（Gary Ackerman）说得很对，他说"这很像是看见一个戴着高礼帽、穿着礼服的家伙出现在汤羹厨房里。"如果分析代理风险，没有什么比上面的描述更能说明问题的了。

这是一场吸人眼球的表演。这里站着三个公司的负责人，在恳求 250 亿美金的一揽子贷款计划。这些多年忽视市场趋势、环境变化、反对清洁燃料标准的公司拒绝为公司的弊病承担责任，却将过失坚决地归咎于信贷紧缩。

美国这三大公司稀里糊涂地度过了转型的十年，而他们的外国竞争对手——尼桑、丰田——花费时间和金钱生产出符合 21 世纪口味和需求的汽车。甚至早在 20 世纪 50 年代，美国的汽车工业的优势还相当明显之时，著名的历史学家大卫·哈伯斯坦（David Halberstam）就指出，"(汽车)行业的工程师大量闲置，因为他们的技能被漠视了。因此，在这段时间里，美国汽车行业本可以延长其对于外国竞争者的技术优势，但它未能这么做。相反，这个行业却在汽车的造型细节上下工夫"，为每一年度的模型改变提供新的尾鳍和不同的颜色组合。通用汽车顶级设计师哈利·厄尔（Harley Earl）把这种文化描绘成"有生命力的老化"。

事实就是这样，所以当东方对手蓬勃发展而美国自己的公司盈利

第五章　西方国家全要素生产率的增长开始终结

徘徊不前时，人们不必感到惊讶——2008年秋天，通用汽车发出警告说，它可能会在圣诞节破产。几个月后，它真的破产了，走到了颜面丧尽的地步。在几十年的时间里，历任领导已经成功地带领汽车公司从行业翘楚走向垫底的位置。

当然，有一种观点认为，福特、克莱斯勒和通用汽车只是对追求"更多、更大"的美国精神以及个人不计后果的占有欲的回应。这也说明，汽车公司向美国国会所作的要求，只是进一步证明了他们不愿意面对的现实。

在他们于2008年恳求来自美国纳税人的现金注资时，很显然，不管他们得到多少钱（随后由美国国会在2008年12月8日批准了150亿美金的现金注资），也只不过是延缓了他们的衰亡。克莱斯勒和通用汽车公司分别接受了70亿美金和40亿美金（是180亿美金中的首期注资），以期到年底的时候能渡过难关。几乎可以肯定，没有资金会被直接用于真正需要的部门——研发。美国汽车工业的迅速下滑早已经与其研发投资的减少紧密联系在一起了。正是经济萎缩使得美国工业三巨头从一开始就走上了刚愎自用的歧途。

除了任性和盲目之外，还有什么其他的解释可以说明为什么当世界大部分国家爱好简洁和环保的时候，通用汽车却在销售耗油的悍马或巨大的SUV呢？美国汽车工业犯的最大的错误是，汽车公司没有预料到人们对更清洁、更娇小的环保电动汽车的需求。这种固有的短视不只局限于美国汽车公司范围内——这是美国公司的通病——他们都渴望生活在一个不可战胜的幻想世界里。

在上个世纪，是西方国家把整个世界领入创新浪潮的，那么谁是下一个继承这一事业的国家呢？

How the West was Lost

你只需看看授予亚洲发明家的美国专利数量，就可以发现平衡是怎样转变的。专利和申请许可证被认为是衡量技术发展的主要指标之一。的确，美国的领先优势依然很大，但是来自"其他国家"的竞争对手正在追赶。1978 年，只有 13 项专利申请来自韩国发明家，但到了 2008 年，这个数字变成了 8,731 项；中国的专利申请在 2004 年至 2005 年期间增长了 33%，成为第三大专利申请国。1991 年至 2001 年期间，由美国专利和商标组织（USPTO）授予的中国专利数量出现了惊人的 373% 的增长（从 63 项专利到 293 项）；当然，这些数字的不可思议必须得由这样的因素来缓冲一下，即中国的起点较低，而美国的起点比较高。不过，更多专利申请的融合趋势是不能否认的。据此，人们只能推测，新兴世界将领导世界创新。当然，无疑，这不是件好事。

正如资本和劳动力被不当配置一样，西方社会早已明白技术也被不当配置了。

毫无疑问，好几个世纪取得的技术成就一直是拉动西方经济取得主导地位的引擎。但是，有一点很清楚，如果它走得太远——当不断提高的效率不再能造福于整个社会的时候，收益开始递减；事实上，它可能还会带来一定的损失。

想想在一个厨房里，炊具、调味品和陶器散落在厨房的各个角落。这让厨师花了一半的时间来找东西而不是烹饪。所以，对他来说，把坛坛罐罐、调味品和刀子井井有条地安置好是有意义的。这样，他可以很快找到他所需要的用具并开始工作。

不过确实存在着这样一个点，超过这个"点"他对厨房的归整不再给烹饪能力带来额外的价值。酱锅的手柄指向 45 度，调味品柜中的调味品按照大小降序排列，所有标签都面朝前方，这表面上看起来会更有效率，但在其上花费的时间太多会增加额外成本，甚至远远超过厨师可能带来的效益。

同样，科技已经使股票和债券交易变成一种非常高效和快捷的业务。

如果商人 A 想以每股 15 美金的价格出售通用电气的股票，科技的发展已经使他可以在几秒钟之内发现（或者没有发现）一个合适的买家 B，交易得以迅速处理。有了技术上的进步，这种交易现在可以通过计算机执行。但是技术也会走得太远，大家熟知的高频交易就是一个恰当的例子。

我们回到商人 A 和商人 B 的情况中，两个人之间花了大约 5 秒钟进行了一次简单交易。对冲基金、银行和其他平台所做的就是，创建超高速计算机系统，它们运行得如此迅速以致于可以"在商人 A 和商人 B 发现彼此之前，发现商人 A 出售的意图和商人 B 购买的意图"。一些高频交易员随即介入，在"正常的"交易开始之前买进和卖出股票；而且始终通过因其扮演的不请自来却完全合法的角色向买方和卖方收取费用从而获得盈利。一家名叫塔布集团（Tabb Group）的咨询公司最近估计，高频交易账户占美国每日股票数量的比重从 2005 年的 30% 上升到了目前的 73%。

因此，除了给中间人提供了赚更多钱的机会外，技术还做了什么贡献？什么终结了科技进步？社会在至少两个方面付出了巨大的成本：交易所支付给经纪人的费用原本可以更好地用于生产性投资。关于建造更大、更快、技术上更先进的捕鼠器从而获得高回报的允诺，将会把有天赋的、最有才华和创造力的人的注意力从类似解决能源问题、癌症研究、食品生产等能使整个社会（而不是极少数人）受益的问题

How the West was Lost

上转移开来。这不是反自由主义者的观点，而是一个关于整个社会如何可能变得更好的阐释。

因此，和厨房的例子一样，痴迷于金融市场的高效率不但可能导致产生边际效益的递增（收益递减的概念），还可能会承担（社会）成本。根据总部设在波士顿的研究机构赛讯咨询公司（Celent, LLC）的统计，在美国，银行信息技术的开销将从2008年的429亿美金上升到2009年的435亿美金。

2008年12月，全球互联网研究公司康斯科（comScore）的报告称，全世界有10亿在线用户。据他们的报告统计，中国有1,800万在线用户，是拥有在线用户最多的国家，超过美国的1,630万人。按他们的估计，大约有55%的世界互联网用户在发展中国家（42.3%在亚太地区，6.4%在拉丁美洲，4.8%在中东和非洲）；余下的46.4%主要在美国（18.4%）和欧洲（28%）。这可能仅仅是由于这些国家的人口数量大，因此幅度也就相应较大，但是这并不能掩盖技术蔓延至新兴国家土地上的速度和渗透力。而且这些数字还在迅速攀升。这些技术是怎样为经济增长提供动力的？这基本上是通过提高生产力、增加资本和劳动力以及提高经济效率来实现的。

全要素生产率的增长在东方非常明显

关键的催化剂始终是劳动力汲取和应用技术的能力。事实上，一国拥有多少工程师并不重要，重要的是他们能创造多少产值。甚至，虽然有最好的教育和科技，如果没有能提高生产力、增加产量（并降低成本）的硬件设施，即便是最具技能的劳动力也会变得无能为力。全要素生产率的增长可归结为科技创新、对新技术和现有技术的采纳以及确保产量提高的技术的汲取。这就是为什么计算机时代的到来，已经永久地改变了世界各地中等熟练程度的工人生产的速度和效率，当然，这主要发生在大多数新兴国家。

来自经济合作及发展组织1990年的数据显示，工业化程度最高的国家——美国、日本、德国、英国和法国——的全要素生产率的增长，每年都是毫无活力的1%。与此同时，瑞士联合银行（UBS）的经济学家安德鲁·凯茨（Andrew Cates）估计，中国在1990年到2008年间的全要素生产率年平均增长率为4%——这是有史以来的世界上最快的生产率提升。印度在同一时期也表现出强劲的全要素生产率增长势头（接近3%）。中国的全要素生产率增长非常引人注目，几乎是韩国和日本在其高峰经济增长时期的两倍。

对西方国家来说还有更坏的消息。过去，全要素生产率增长和工资的上涨是相一致的，这些增长会导致消费和投资的增加，并且也会促使更大程度的经济增长。然而，在过去的25年里并没有再现这种情况，事实上，西方的工资增长往往滞后于生产率提高。这意味着与其说是全要素生产率的增长会累积到工资供应者那里（也就是通过薪酬提高），倒不如说，全要素生产率的增长累积到资本的拥有者那里，结果，终结了从生产率提高后的资方应支出的现金贷款（以债务的形式）。在美国，这是千真万确的，打工仔通过借入巨款来购房和消费，然而这两者都没有能够使得基本增长改善。

正是因为这个原因，有人声称，全要素生产率和技术的提高已经在西方止步，然而在别处（尤其是在中国和其他迅速崛起的国家），全要素生产率的增长已经转化为更高的投资。除非西方工业化国家实施根本的政策来保护和提高他们的专利技术，否则这种不祥的趋势会继续蔓延，并再一次对西方经济的长期发展带来损害。

正如二战这场灾难显示了世界权力的根本改变，世界霸主从英国转移到了美国，2008年金融危机也是如此，它意味着世界的另一场剧变。迹象之一是，经济权力的新转移已经开始——从西方转移到东方，也许更关键的是从美国转移到中国。如果没有其他什么变化，这种新的权力转移预示着将有比过去更多的权力分支。

在过去的500年里，曾经支配世界的力量并塑造世界的力量，一直都是西方世界。和因技术带来的全球通信的发展一样，西方世界的影响力是巨大的。今天，用于商业、贸易与合作的全球性语言是以拉丁字母为元素的语言；西方世界劝说人们改变信仰并输出（虽然是逐渐为之）了其民主思想，作为"政治人"或"社会人"的最佳表达。在世界每一个角落，人们随着西方的音乐翩翩起舞（想想"猫王"和迈克尔·杰克逊），被西方的电影明星深深吸引，开着西方设计的汽车，玩着西方的游戏——板球、足球、网球和高尔夫，听着西方古典作曲家的音乐，读着西方小说家的小说，并且思考着西方的哲学与思想。过去500年的现代人类发展史着实是西方写就的。

现在，东方，尤其是中国和印度，五百年之后第一次青云直上。眼下在经济方面，这种变化表现得最为明显。但是别弄错，处理事情的方式带来的变化迟早也会变的。

先想想发生在1900年到1950年期间的变化，然后再想想发生在1950年到2000年之间的变化，文化和社会方面的所有变化的动力都主要源自于西方的观念、西方的发明和西方的目标。今后的五十年将不太可能仍然如此了。

极具洞见的著名历史学家尼尔·弗格森（Niall Ferguson）使"中

美联合体"（Chimerica）[①]一词流行开来，这个词被用于描述权力从美国的单独垄断转变为中国和美国的双头垄断。但是罗纳德·里根在他第二任期的美国总统竞选游说中却说"你们还什么都没看到"。"中美联合体"只是个开端。中国正在经历第二次革命。20世纪60年代经历了文化大革命，而现在正经历经济革命的阵痛，并还得面对无限的可能性；不断壮大的经济实力、全球影响力、自我认知以及自信，与其实现抱负的能力一起，都在与日俱增。中国的时代就要到来，并且势头强劲。

此时，美国要想继续保持其强者地位是否有些太晚了？

正如在前三章描述的情形那样，如果美国继续执行同样错误的政策，对问题的回答即"是的"。经济学家已经预言，美国将在2027年把其作为世界最大经济体的榜首位置"拱手相让"给中国——只有17年的时间了。美国资本、劳动力及其技术垄断的数量与质量上的持续减少，会使美国经济经历长期的、结构性的和根本性的破坏。当然，美国可以对破坏加以遏制，但是如果没有可靠的政策制定和对其有效地执行，遏制破坏也就没法实现。

从纯粹"改革者"的意义上来讲，中国尚未经历一场工业革命，而只是在模仿以前的模式。当然，虽然在2027年她可能取得经济上的最高地位，但在财富的人均占有量方面，中国还是会低于美国。

然而，这只是零和博弈的输赢这么简单吗？如果中国赢了，美国必须输吗？由意大利经济学家维弗雷多·帕累托（Vilfredo Pareto）设

[①] 在弗格森的定义中，这个概念主要是指最大消费国（美国）和最大储蓄国（中国）构成的合作关系，以及这个合作关系对全世界经济的影响。译者注。

定的帕累托改进理论（Pareto Improvement Theory）指出，完全可以做到，在一种经济制度中采取一种行动，不但不损害任何人，而且还能帮助至少一个人。在全球经济的大背景下，中国可能会崛起，但美国并不一定衰退。事实上，两者一起走上坡路是可能的。还有许多值得玩味的地方。

但是，由于中国的崛起及其强劲的势头，问题变成为：美国要怎样才能保持自己的优势地位呢？这是个很中肯的问题，但在解决这一问题之前，我们先简单看一看世界新秩序中那些挑战现状的国家。

"经济活动是力量的源泉，也是幸福的源泉。的确，它也许是最重要的力量源泉，并且，在一个大国之间不大可能发生军事冲突的世界中，经济实力即决定着国家的地位。正是因为这个原因，美国人有足够的理由关注目前的挑战……"

在《为何国际主导权如此重要》（1993）一书中，萨缪尔·亨廷顿（Samuel Huntington）谈到了日本带来的经济挑战。1989年10月，纽约洛克菲勒集团被日本以8,460万美金的价格收购，这象征着日本的崛起。只要亨廷顿再晚十年写下他精辟的见解，那么几乎可以肯定，他将见到另一个完全不同的竞争者正在摩拳擦掌。

How the West was Lost

下篇
西方的沉沦　东方的崛起

◎ 新兴国家比老牌西方国家强在哪里？
◎ 以中国为代表的东方顽强地崛起

第六章
新兴国家比老牌西方国家强在哪里?

第一节 新兴国家的优势

一位银行家讲了一个与俄罗斯高级官员交流的故事。在1998年俄罗斯债务危机发生仅数月后,一家大型的国际银行决定给俄罗斯政府发放数百万美金的贷款。在签署贷款协议的接下来的几个星期里,这家金融机构的高级管理人员筹办了一个闭幕晚宴(一场常规宴会,给贷款人一个机会来提醒借款人谁是老板,也给借款人一个机会向贷款人表示他们有多么感激)。

在无数的电话和一连串的电子邮件的压力之下,俄罗斯人最终投降了,并同意在莫斯科会见银行家。但是,他们是带着严厉警告来接纳的:"我们是俄罗斯联邦……我们不会受责备。"

在过去的50年里,西方的政策方针主要是"拒之门外"。在几乎所有情况下,各主要国际机构——为世界安全、经济、贸易和发展制订政策的机构——的代表被发达国家主宰着,几乎没有什么来自新兴世界的代表。八国集团(G8)、国际货币基金组织董事会(IMF)以及世界银行（World Bank）……这样的例子不胜枚举。①

虽然这种情况在慢慢发生改变，但是无论何种原因，这些稳定的组织总的来说已经不愿意去改变，而新兴世界仍然被排斥在外。八国集团有英国、法国、加拿大和意大利作为常任理事国，却不包括土耳其、沙特阿拉伯、墨西哥、南非、巴西、印度或是中国，这不仅荒谬，而且说明他们不愿面对现代经济世界新的现实。

不过现在，为了应对西方工业化国家给他们带来的不利，新兴国家已经组成了自己的俱乐部。南南合作（顾名思义）意味着"被排斥的"新兴世界的国家现在一起做生意、一起谋划蓝图，并且越来越不理会老牌的西方工业化国家。

2008年春天，最发达的一群新兴国家——巴西、俄罗斯、印度和中国〔被称为"金砖四国"（BRICs）〕——宣布他们首创的封闭式聚会将于2009年在俄罗斯的叶卡婕林堡举行，西方国家不在受邀之列。对巴西、俄罗斯、印度和中国的领导人来说，聚会的目的之一就是："利用他们的经济影响力在世界金融体系的运行模式中获得更大的发言权"。在聚会结束时，他们呼吁建立"一个多极世界秩序"。

在2010年1月的《金融时报》专栏版中，吉迪恩·拉赫曼（Gideon Rachman）认为，发展中国家中最重要的四个民主国家——巴西、印度、南非和土耳其——就像在大的国际问题上可能会支持美国一样，他们同样也有可能与中国站在一边（或者甚至是伊朗）。他断言，这是美国人很晚才会领悟的新情况。拉赫曼把2009年哥本哈根气候会议作为美国越来越被忽视的一个活生生的例子。他声称，美国人没有能够为总

---

① 当然，这种情况随着全球性组织中出现更多的来自新兴世界的代表而正在改变。

统奥巴马争取到与巴西、印度、南非和土耳其领导人的一对一的会面。最主要的是,在首脑会议开始前的最后一分钟与中国国务院总理温家宝会见时,美国总统奥巴马才发现中国人已经与巴西、印度和南非的领导人进行了深入的磋商。更糟的是,领导人们不得不挤紧一些,颇有点儿象征性地给美国总统腾了点空地。

也许把所有的新兴国家统归为一类是幼稚的,因为虽然他们可能会起风波,或者事实上,政治冲突可能会是他们首先关注的,突发事件(内部的和外部的)可能会改变他们相互之间的忠诚和前景,但是现在大量的证据表明,他们认识到了联合起来的力量。此外,他们在贸易、金融和政治上的联系正在加深,他们在食品生产、基础建设和自然资源合作上的伙伴关系一年比一年更加密切。

举例来说,2009年2月,中国同意借给俄罗斯石油公司250亿美金,作为对其20年石油供应的报答;两国也都在考虑铺设一条从俄罗斯远东阿穆尔地区到中国东北大庆的长达2,500英里的管道;与此同时,2009年5月,除了增加巴西鸡肉和牛肉的进口之外,中国还借给巴西国有石油公司巴西石油公司(Petrobras)大约100亿美金,并以巴西未来十年内每天提供给中石化(中国的国有企业)200,000桶石油作为交换。这些类型的数额巨大的交易在西方世界之外的国与国之间越来越常见。

2008年7月,俄罗斯国有天然气公司俄罗斯天然气工业股份公司(Gazprom)声称,计划购进利比亚未来出口的所有石油和天然气——也就是,永远进口下去。近年来,中国因其在非洲和中东地区令人惊愕的基础建设和自然资源贷款而获得很多的非议。

当然,新兴世界中赤裸裸的土地和自然资源掠夺的意义,远超过金融交易。俄罗斯天然气工业股份公司（Gazprom）的做法显然近似于占据欧洲能源供应的尝试；中国对非洲土地的开发，可以让我们很清楚地预料到世界未来粮食供应会逐渐减少（毕竟中国本身只有7%的可耕地）。中国的做法已经使其在对非洲土地——其中80%的是未被开垦的耕地——的控制方面取得了无可争议的领先地位。

当然，中国从秘鲁特罗莫克山（Mount Toromocho）购进二十亿吨铜的做法，是其垄断自然资源市场的另一战略举措。[1]在2009年的头四个月里，中国超越美国成为巴西最大的贸易伙伴。西方正眼睁睁地看着中国明目张胆地指挥和控制全球经济，而中国的这一"演习"无疑是地缘政治优势的先兆。

现金充裕的新兴世界，正在大把大把地花钱。这不只是购买世界资源和成为世界超市之王这么简单。通过把西方国家变为债务国，他们成功的把西方国家推到了从属的位置，把他"抵押"给"其他国家"。

中国如今借给美国的资金占其总借贷额的23.4%（截至2009年7月，中国持有价值8,005亿美金的美国库券）；[2]在2008年金融危机高潮时，俄罗斯借给冰岛40亿欧元（将近60亿美金）；巴西给国际货币基金组织提供了100亿美金。

通过满足西方贪得无厌的债务欲望，中国人娴熟地生产着西方需要的产品，而且给他们提供了大量的现金（以贷款的形式），并通过贷款把西方紧紧地束缚在债务之中，使他们陷于债务之中无法自拔。这是致命的一击。

---

[1] 中国对秘鲁特罗莫克山的铜的购买：http://news.bbc.co.uk/1/hi/world/americas/7460364.stm。

[2] 中国借钱给美国，见《美国国库券的主要外国持有者》，美国财政部（2009）。

第六章 新兴国家比老牌西方国家强在哪里？

美国可能认为自己以贷款的形式收取中国商品的入境费很聪明，但是，这已被证明是目光短浅，毕竟美国负债累累，并且民众被消费弄得消耗近尽。这与美国在国内贷款并用这些钱来制造商品以给美国人（而不是中国人）提供就业机会本来就不是一回事，但是两者却被混为一谈。美国沾沾自喜地把中国放了进来，才发现中国人进来了，自己却被冷落了，就像阿拉伯帐篷外的古老的黎梵特语言和外面的骆驼一样。西方国家直到现在才意识到这一点。

近年来，"其他国家"一直表现得近乎充满霸气和咄咄逼人，西方世界已经开始用同样的方式回敬——无论何时何地，只要它有机会。2009年6月，由于中国单方面地决定限制焦炭、硅和锌等原材料的出口，美国和欧洲拉开了联合对付中国的序幕。

那么是什么让西方国家如此兴师动众？这不仅仅是由于他们已经丧失了曾经一度在资本、劳动力和技术上的垄断地位这一严酷的现实，更是因为，虽然西方国家在竞争中对领先的"其他国家"进行无情的阻挠是为了巩固其领导地位，但是"其他国家"已经走上了自己的经济成功之路。在全球化的世界，西方国家所能期望的最好的结果就是，他们成为座上客中的一员，但是考虑到他们目前的经济道路，即便这一点也不是很确定。

新兴的领跑者很快就指出，由于西方国家"幸灾乐祸"的慷慨帮助，全球的经济发展都受到了牵连。在2009年达沃斯举行的世界经济首脑会议上，全世界都听到中国和俄罗斯领导人轮流谴责西方世界，尤其谴责美国，因为美国使世界经济陷入瘫痪，并且其岌岌可危的经济状况还将持续。

在一次嘲弄美国助长了金融崩溃的发言中，俄罗斯总统弗拉基米

> How the West was Lost

尔·普京说道:"我只想提醒你们,仅仅在一年前,在这个讲台上,美国代表声称美国经济基本稳定而且前景一片大好。但是今天,华尔街的骄傲——投资银行——实际上已经不复存在了。"

也许是预料到会有这些令人尴尬和充满训斥的演讲,所以美国政府高级官员没有出席这次会议,这是有史以来第一次。

最好的经济模式

诺贝尔奖获得者米尔顿·弗里德曼(Milton Friedman)曾经说过:"自由市场制度的一大优点是,它不关心他们是什么肤色的人;它不关心他们的宗教信仰是什么;它只关心他们是否能够生产你想买的东西。这是我们发现的能使彼此仇恨的人们互相做生意、互帮互助的最有效率的制度。"[1]

二战后,资本主义已经使世界吃饱喝足。它改善了人们的健康状况、延长了人们的寿命、给人们带来工作机会、使人们受教育、给他们衣服穿,而且还给予他们选举权。读者朋友,你们享受到的所有福利,比如说你获得的工作、你读的书、你开的车,都要归功于市场制度——资本主义。甚至你餐桌上的早餐,都是通过企业、劳动力和生产资料等错综复杂的网络才得以实现的,这一切只有资本主义(尽管有它有缺点和不公正之处)才可以提供。

然而,国家总要努力做出选择,尽管这些选择各有其吸引人之处。事实上,三十年前,新兴国家面临两个截然不同的选择:资本主义或是共产主义。如果他们选择资本主义——很多国家作了如此选择,他

---

[1] 米尔顿·弗里德曼的引文:http://en.wikiquote.org/wiki/Economics。

第六章　新兴国家比老牌西方国家强在哪里？

们必须选择要采用哪种形态发展资本主义（走其他发展道路的国家的经济发展业绩普遍很糟——比如古巴、非洲大部分地区和朝鲜）。

在此不便对资本主义信条进行整体批判，但确实有必要重点提一下资本主义制度中的阶级化，因为每一个阶级在新经济秩序中对促进经济繁荣都有着深远影响。诚然，资本主义制定自己的经济发展道路以规划他们未来的经济增长蓝图是正确的。但是，也许最重要的是，他们所采用的资本主义类型对于保护经济体免受2008年金融危机中金融市场变化莫测的冲击更具决定意义，这有助于这些国家把那些采用了更糟糕制度并在全球经济舞台上占据主导地位的国家解救出来。

与那种认为一切形式的资本主义都千篇一律的普遍看法恰恰相反，从历史的角度来看，资本主义模式在广义上已经被三个主要的类型界定了。

第一种类型是以几乎纯粹自由放任主义经济学为基础的，也许是亚当·斯密（Adam Smith）设想的最纯粹的形式。这就是美国采用的模式，英国也在较轻程度上采用了这一模式（因为英国还有政府资助的国民卫生医疗服务制度），在有经济压力时，英国人也寄望于法令，就像英国前首相玛格丽特·撒切尔（Margaret Thatcher）于1988年4月在下议院所说的那样，不论发生什么事情，"没有任何方法能让市场猛然震荡"。①

第二种类型是对公共产品采取较高的税率和国家支持制度（这样每个人都受益，但是成本不能分摊到个人身上），但是私人市场大部分

---

① 玛格丽特·撒切尔的引文：http：//www.margaretthatcher.org/speeches/displaydocument.asp？docid=107195。

都任其自由。这是大部分欧洲大陆国家喜爱的模式；这就是为什么在像斯堪的纳维亚、法国和德国的所得税税率比美国税率要高的原因。正是有了这样的税基，从铁路到养老金制度的一切事物才可能由国家大力资助。

第三种模式的资本主义，是政府牢牢控制着几乎一切东西。从本质上来说这是种命令式的政权制度，其他活跃的新兴经济体正是采用了此模式。

在这种情况下，政府虽然不一定非要运营或者控制一家面包店，但他们可以规定面包价格。很多时候，这种平衡是严格的规章制度与宏观经济政策相结合的产物。东亚奇迹的缔造者们早就明白了这一点，中国的邓小平、新加坡的李光耀和韩国的朴正熙（韩国总统1961—1979），他们用自己的方式达成了共识，即用资本主义思想中的经济模式，配以大量的政府干预，走他们所要走的路。邓小平于1961年在广州会议上极好地阐述了这种务实的做法，他说："不管白猫黑猫，捉到老鼠就是好猫。"这句话被理解为，一个国家是采用了共产主义意识形态还是采用了资本主义意识形态，这都不重要，真正最为重要的是一个国家的生产生活。

亚洲不是资本主义新模式产生并发展的唯一地区。具有远见卓识的迪拜酋长阿勒马克图姆，使一片开垦的土地从默默无闻变为世界上最大的人造海港，这样一个只有一百多万人口的国家，2005年的GDP却达到了370亿美金。必须指出（2008年无疑证明了），迪拜的经济主要依赖旅游业和过度杠杆的金融体系，但是由于几乎没有什么产品，其经济基础必然会很不稳固（这终将应验——看看迪拜2009年年底的状况就一目了然了）。

除了亚洲和中东地区之外，在20世纪80年代末的"改革"中，自由市场经济改革把苏联一贯的陈词滥调一扫而空，界定了米哈伊尔·戈尔巴乔夫的所谓的增长（最终下降），成为一系列东欧国家的口号并为其所继承。但也许是最好的时刻来了，在总统鲍里斯·叶利钦的领导下，共产主义的俄罗斯向资本主义模式的醉人魅力投了降，简单地说就是进入到一个无拘无束而近乎土匪、自由而随心所欲的寡头的状态，直到有了弗拉基米尔·普京政府的干预，才遏止住了俄罗斯的后退。

美国基础建设能力不足

虽然不太可能知道他们那时的确切想法，但是历史会警示中国（以及其他新兴国家）不受约束的资本主义的后果——魏玛共和国（Weimar Republic）的恶性通货膨胀、1929年华尔街的崩溃和接踵而来的大萧条。事实上，繁荣与萧条可追溯至300年前，有17世纪的荷兰郁金香狂热和18世纪早期的南海泡沫（South Sea Bubble），还有一些系列拿破仑战争（Napoleonic Wars）进程带来的恐慌事件等。大多数工业化国家得到教训后还是一如既往地漠视。

有关政府主导的资本主义的做法（还有不允许自由市场放任自流），2008年信贷危机提供了不容置疑的证据。学术界和金融圈就金融危机的直接原因——即过度借贷（第三章进行了详细的说明）和监管不足——达成了共识。

美国任职时间最长的美联储主席艾伦·格林斯潘（多年来被称为世界的中央银行家）在他19年的任期内一直认为，最有效率的市场是由最少的正式指令支配的。这几乎不可避免地导致一种不负责任的观

> How the West was Lost

念，即认为人们的善良意志会对制度进行监督——任何必要的约束都是来自内部而不是外部。2008年残酷的现实告诉我们，市场不会进行自我约束。

没有什么能比2008年金融危机，更能强化新兴的"其他国家"关于国家主导的资本主义的重要性和意义。

在达沃斯，在俄罗斯总理普京发表演说的会议上，中国国务院总理温家宝强调了这样的观点，"盲目追求利润引起的金融机构过度扩张"，和"以长期低储蓄和高消费为特点的难以为继的发展模式"不应是一个国家要走的路。虽然他小心翼翼地没有指名道姓，但很明显，他指的是美国。

我们这么说的目的不是要对西方世界所依赖的金融体系（或者其基础）的基本运作原理吹毛求疵（金融文献中满是这样的反证），而是说，我们应反思，当西方世界似乎只愿意忽视这些麻烦的真相时，"其他国家"显然对自由市场的局限性和政府在一个非理性的世界中必须发挥的中心作用都了如指掌。不仅仅是由于金融模式的天生弱点，也许还由于宏观经济层面的诸多原因，总之"其他国家"认为，政府应当居于中心地位，应当是主角。

2008年金融危机提醒了世界，即使一个经济体在自由市场制度下运行，政府也必须在至少两种情况下介入并采取行动：一个是出现市场滥用或违法行为时；另一个是市场失灵时。

在市场失灵时，私人市场无法提供公共产品。公共产品的存在是为了让每一个人受益，但是没人想要承担提供公共产品的成本（想一想路灯柱，或者如教育、医疗保健、国家安全或是基础设施等）。政府能够并且确实应该参与提供这些产品，而私人市场做不到。

第六章　新兴国家比老牌西方国家强在哪里？

在过去十年里，美国的教育投资在数量与质量上受到严重影响，并且在美国关于医疗保健和国家安全基金的利弊的争论从来没有停止过。美国从不缺乏对医疗保健的讨论，但事实上，多达 5,000 万的美国人（大约占全国总人口的 20%）没有医疗保险。

奥巴马政府提议建立一个全国性医疗保健计划，这意味着这个问题已经被提上了政策辩论的前沿。当然，伊拉克和阿富汗战争表明，国家安全和国家利益问题一直占据决策者和公众的主要视线。围绕战争成本（从丧失的生命和损失的资源的角度来说）和卷入战争的道德问题的争论一直在美国广泛存在，但是在基础设施方面人们却没有给予这么高的关注。然而，恰恰是基础设施领域对经济体的运行至关重要。在此方面，美国的行为易受攻击。

虽然很少公开承认，但美国的基础设施状况不佳和政府对该领域关注的相对缺乏，已是众所周知的秘密。不管怎样，基础设施建设迫切需要政府的关注和金融上的支持。

2007 年 8 月，明尼苏达州明尼阿波利斯市的 I-35 大桥的倒塌，和 2005 年卡特里娜飓风（Katrina）期间新奥尔良的河岸决堤，只是说明美国基础设施普遍薄弱，例子中的两个。美国土木工程师协会（American Society of Civil Engineers）详尽收录了许多例子。在已出版的研究报告中，该协会称，美国基础设施总体接近于"失灵"，只能评为"D"级。美国 590,750 座桥中的大约 30% 存在"结构缺陷或者功能过时"的问题，这需要每年投入 94 亿美金，花费 20 年的时间，才能排除所有桥梁的隐患。这还只是桥梁方面的问题。

美国政府通过基础设施建设为企业和经济增长铺平道路，可以追溯到牛仔时代。在《大胆的努力：我们的政府怎样建设了美国，现在为什么必须重建》一书中，费利克斯·罗哈廷（Felix Rohatyn）对政府在基础设施供给方面的作用做了一个清晰而又令人信服的描述，他详细说明了美国公共政策是如何引导管理公共工程的，这是塑造美国经济命运的一个不可或缺的组成部分。从横贯大陆的铁路，到伊利运河的建设、《重建金融法》（Reconstruction Finance Act）的出台、田纳西河谷管理局（Tennessee Valley Authority）的成立和洲际高速公路系统的创立，都使美国越发现代化。

虽然人们越来越认同像罗哈廷所说的，"美国的道路和桥梁、学校和医院、机场和车行道、港口和堤坝、水管线和空管系统——这个国家整个的基础设施迅速而危险地恶化。"但是有个问题必须要问，用来补救这种情况的钱从哪里来，补救是否能及时？事实上，用于基础设施建设的资金——当然是私人资金——似乎指向的是政绩工程。纽约人很难列举出曼哈顿（Manhattan）或者纽约五个行政区最近建成的桥梁或隧道名称，然而，人们却了解这个城市的运动队——大都会队、巨人队和洋基队，每个队都拥有一个刚建造的体育场。

奥巴马政府的《2009年美国复苏与再投资法案》规划了用于交通基础设施项目的450亿美金，是联邦预算的双倍，而且私人投资者沃伦·巴菲特（Warren Buffett）最近投资于美国铁路的270亿美金正陆续到位，但规模相对来说仍然小了些。毕竟，2009年美国土木工程师协会年度基础设施报告估计，未来5年美国需要至少2.2万亿美金来修补全国公共工程系统的结构性缺陷和不足。2005年工程师协会说，修补废旧基础设施会花掉1.7万亿美金，在短短4年中，价格标签上又增加了5,000亿美金（从1.7万亿美金到2.2万亿美金）——这是一个令人不安的趋势，这种势头可能在未来几年发展到顶点。

与此同时，中国的基础设施建设则富有传奇色彩。《经济学人》杂志（Economist Magazine）的预测指出，仅就铁路建设一项，中国将在 2006 年到 2010 年期间花费 2,000 亿美金，这是自 19 世纪以来在铁路运输能力方面进行的最大投资。此外，中国政府将对农村地区长达 300,000 公里的公路进行改造，并在未来十年建成近 100 座国家级先进水平的机场。

至于列车硬件方面，有报道称，到 2020 年，世界上 50% 的高速列车将在中国运行，在 18,000 公里的轨道上时速将达 250 公里。中国繁华的金融之都上海，已经拥有了时速 430 公里的磁悬浮列车，能够在 8 分钟内穿行 31 公里，是世界上最快的列车。需要一提的是，它的建成仅仅用了四年时间。

东方价值观的胜利

西方世界信赖政治自由的模式（尤其是个人自由和民主），以及建立在一个合理、完整和相对可靠的世界中的金融氛围。在这样一个世界中，一方面，自由驱使人们以自私自利的方式采取行动；另一方面，有自我约束力的市场反过来（应当）监督个体的自律。在 2008 年之前，这似乎就是发展的方向。弗朗西斯·福山（Francis Fukuyama）在 1992 年题为"历史的终结"的论战中认为，西方模式久经考验且可以信赖，没有比之更好的模式了。

"其他国家"对我们生活的这个世界采取了更加愤世嫉俗（但也许是更加现实）的态度。他们的政治和经济制度是由国家坚定的信念和对个人行为与动机的不信任为原则——他们相信，如果没有束缚，个体的贪婪所带来的表面的均衡不过是以牺牲大多数人甚至整个社会的利益为代价的；他们谴责西方收入的不平等、不满于西方人对此心安理得的态度；他们察觉到了这个世界的不合理性、不完整性和不确定性，同时对自己的信念越来越有信心——在经济受到冲击的情况下，只有依赖政府去实施计划以使经济免遭破坏；只有一个强有力的政府才能带领国家走出危机。他们对 2008 年危机之后的强烈反应和对国有化和更严格的监管的呼唤，或许已证明他们是正确的。尽管西方像中国一样看起来已经把整体的因素考虑进去了，但西方过于尊重个体的天性，往往忽视了人性本身的危险性。

当然，现在的呼唤可能仍旧为时过早，我们需要等着看中国达到西方生活水平时还会怎样做。毕竟，有观点认为，厚尾[①]的巨大危险（低可能性、高冲击风险）仍然存在于新兴国家，因为他们的政治体制最脆弱，而且统治和管理方式并没有经过长时间的考验。很明显，西式的制度和经济、政治机构和激励结构存在着很多固有的问题——大多数可归结为代理风险和失误的决策。新兴世界却未必是这样。

看一下自然资源部门。世界储量最大的 13 家石油公司都是新兴市场国家的政府所有和经营的。像沙特石油公司、伊朗国家石油公司、委内瑞拉石油公司、俄罗斯天然气工业股份公司和罗斯石油公司、中国石油天然气集团公司、马来西亚国家石油公司、巴西石油公司，这些国有企业，控制着全球石油 75% 以上的储量和产量。而西方工业化国家的石油所有权完全不是这么一回事，西方石油巨头——埃克森美孚公司（ExxonMobil）、英国石油公司（BP）和壳牌石油公司（Shell）都掌握在私人股东的手中。此外，就如它们表现出来的一样，他们的

---

① 指由于市场价格大幅波动从而导致投资组合价值的变动所带来的风险。译者注。

产量规模只占世界石油的 10% 和其自身储量的 3%。

接下来我们要讲的是国家储蓄的问题。前面讨论过，新兴世界的主权财富基金（Sovereign Wealth Funds）是由政府主导的，这确保了国民储蓄决策权处于最高政治层面上，旨在符合国家的整体利益，超越了单粹的个人动机。当然，这些地区也有一些在自身利益的驱动下追求利润最大化的企业家，但是，他们必须在受控制的范围内工作，整体的公共福利必须被视为至高无上。当然，中国股权投资已经不是一个单方面获得巨大回报的成功，更重要的是，主权管理的基金充斥着国有资本，代表更大多数人的利益——这一点很不同于在西方国家的私人资本积累。

甚至在非常个人的层面上，新兴国家个体与公共决策的界限也被模糊了。被西方人视为个人尊严的东西，大多数"其他国家"却视其为国家范围内事。中国提倡的用以减轻经济与社会压力的众所周知的独生子女政策，（中国当局声称，自 1979 年政策实施始至 2000 年期间，中国已经少生了至少 2.5 亿人）。2008 年中国国家人口和计划生育委员会称，该政策至少将再执行十年。

当西方人因为个人生活被闭路电视（Closed Circuit Television）的监视摄像头捕捉到而痛苦抱怨时，新加坡创办了社交发展署（Social Development Unit），这是一个政府主导的婚介机构，其使命是"鼓励毕业的单身族结婚，教育所有单身人士要以积极的态度对待婚姻，以牢固而稳定的家庭为目标"。在扮演丘比特的二十多年里，该机构已经促成了将近 30,000 对新人的婚姻。多美好的新世界啊。

在新兴国家中，国家涉足的领域似乎没有止境。国家是最重要的，它高于任何个人。集体比任何一个人都重要，这与西方"人人皆为王"

的信条相斥。

在当今竞争残酷的世界秩序中，期望"其他国家"放弃他们咄咄逼人的战略有些不切实际，因为他们认为自己的战略是正确成功的——人们只要看看"其他国家"发现的经济黄金国（El Dorado）就知道了。

第二节　从中美两国的 GDP 构成说起

在前几节中我们看到了几个世纪以来 GDP 在世界各国的演变，它给我们提供了一幅关于孰优孰劣、孰强孰弱的蓝图。但是，为了更好地理解为何一国的 GDP 总量处于那样的位置，最好把 GDP 分解为各自的组成部分。

一国的经济财富（其国内生产总值 GDP）可归纳为一个简单的公式：$Y=C+I+G+(X-M)$。很多人将这个宏观经济公式视为所有宏观经济理论中最根本的、最简单的和最基础的部分，但是这个最简单的公式以最直接的方式概括了西方做错而"其他国家"做对的事情。让我们再仔细看看这个公式。

Y 代表一国的 GDP，也就是收入。其 GDP 由以下几个部分组成：C 代表消费——居民支出额度（个人的，而非政府的），I 代表一国的总投资（包括公共的和私人的），G 反映了政府的净头寸，也就是收入（赋税等等）减去开支，$(X-M)$ 是一国的出口额减去进口额。例如，一国消费 200 美金，投资 100 美金，政府净头寸为 500 美金，出口额为 400 美金，进口额为 200 美金（也就是净外部头寸为 200 美金，即出口额减去进口额（400 美金减去 200 美金）），GDP 就是 1,000 美金。

每个国家的 GDP 都是受这个总数支配的（包括一国与其他经济体的关联方式）。对这个公式的考察也将说明工业化世界如何发现自己是"自由落体"，而"其他国家"却在稳步上升，并非偶然发生的。虽然"其他国家"经济状况可能看起来是变化无常的，但他们有效地追求和接近其经济成功的长期目标，是很引人注目的。毫无疑问，这些国家现在坚定地行走在这条路上。

消　费

如果想界定 20 世纪西方的精神状态的话，那就是不受约束的消费主义。在美国消费者的故事里，人们被一切可能的手段怂恿着，千方百计来满足并进一步刺激自己贪得无厌的胃口。消费本身并没有本质错误，事实上，从上面的 GDP 公式看，经济体 GDP（或者是收入流量）的增长与消费的增加是成正比关系的——更高的消费，意味着更高的 GDP。

近几十年来，低利率、更加宽松的信贷、各种形式的资产价格的迅速增长（1997 年到 2006 年期间，美国的房价增长了 124%），在一个周期里，共同推动和资助了西方的消费热潮。例如，高涨的房价可以使很多房主利用房价的增值以较低的利率为他们的房子重新申请贷款，并办理二套房抵押贷款，还及时把手中持有现金投入到各种消费热潮中去。与中国的 35%、印度的 54% 和欧洲的 57% 相比，2007 年美国家庭的最终消费支出在 GDP 中所占的比重达到了 70%。考虑到中国在世界中的地位——世界第二大经济体——但是在消费方面仅排名第五，因此，其消费性支出被《麦肯锡季刊》(*McKinsey Quarterly*)定为"毫无活力"。

2005年，中国储蓄了GDP的约50%（大约为1.1万亿美金；甚至在2009年，中国的储蓄率达到了GDP的51%——是世界上储蓄率最高的国家之一），相比之下，美国只储蓄了1.6万亿美金（GDP的13%），顺便说一句，美国的经济规模是中国的6倍。这些对累计储蓄的估计（政府储蓄+企业储蓄+家庭储蓄），所反映的只是两个国家两种独特和不同的储蓄方式的冰山一角。看看那些揭示了它们之间更大鸿沟的更加详细的储蓄画面吧。

例如，中国的家庭储蓄在家庭收入中所占份额高达30%，相比之下，美国的家庭储蓄微不足道，美国家庭的（税后）储蓄率实际上是个负数，只有-0.4%，也就是说，一般的美国家庭根本都懒得存钱。当然，问题在于，这个统计数据并非刚刚出现——这个鸿沟几十年来一直在拉大。正如摩根斯坦利公司(Morgan Stanley)前首席经济学家史蒂芬·罗奇(Stephen Roach)在2006年所说的，"全球经济的两个主要参与者——美国和中国，恰恰处于储蓄幅度的两个极端。节俭的中国人储蓄过量，而挥霍的美国人债台高筑。"①

次贷市场传奇如今已尽人皆知，但是评论员往往错误地理解了金融危机的来龙去脉。他们倾向于认为美国私人消费的增长是由国内私人投资拉动的，但事实上完全不是这么回事。围绕消费的问题有两个：消费的增长是投资带动的吗？消费的增长是贸易（更确切的说，

---

① 中国和美国都应该为资本的不当配置负责，毫无疑问，他们都将为此付出代价。

是贸易平衡）拉动的吗？

投 资

就像私人消费一样，美国私人部门投资也呈现上升趋势增长，从 1997 年的 1.389 万亿美金增长到 2008 年的 2.136 万亿美金。仔细看看我们就会发现，标题数字与真实的画面明显不相符，房地产领域中的大量的投资热潮，助长了房产泡沫。

事实上，优质的投资没有拉动消费，原因在于这些投资是针对那些最没有收益的部门的。这部分在不产生现金流量的非生产性投机中的投资，意味着美国一直在自我贬值。投资于工厂、道路、铁路和机器是一回儿事——这些都是能够获得现金收益的资产，这些资产会补充到经济中去，但是投资于油画、度假和住房则是另一回事了，这些便利资产什么也产出不了，而产量却是经济增长的全部。

评论员和决策者过于关注消费在 GDP 中所占的比重，但是这只是个烟雾弹，仅仅关注美国消费者购买了太多东西会漏掉真正的和核心的问题。消费占 GDP 的百分比的增加本身并没有好坏之分，因为一个人的消费就是另一个人的收入。

为了说明这一点，我们可以想象一下，美国政府创建了国家医疗保健系统，消费很可能会因此下降，因为当前的卫生支出是消费的一部分。然而，GDP 中属于政府的那部分发生了变化（也就是政府开支），如果提供医疗保健的成本多于为其征收的赋税，政府开支就上涨了，而且赤字会增加；相反，在提供公共医疗保健的成本比为其征收的赋税低的（不大可能）情况下，政府开支就会下降。当然，从会计的角度来看，假设政府可以和私人部门一道提供服务（暂时打消对这一事实的怀疑），就不会发生什么实质性的变化。

同样的，想象一下，如果美国政府完全退出了国防领域，所有陆军、海军和空军的人员马上被私人保安部队所雇用，会发生什么？公共在职人员的直接减少将反映为政府开支的一路下滑和（私人）消费的一路走高。在任何一种情况下，消费占 GDP 的百分比的独自变化几乎没有意义，GDP 各组成部分的相互变化才至关重要。

的确，如果消费上涨，投资下降，这种情况就值得严重关切。在这种情况下，风险就在于经济被弄得一团糟（英国如今的经济就是个显著的例子），在过去的几年里，美国的消费一直在上涨，但是投资却比较平稳，一直持平！

美国的问题是，消费占 GDP 的百分比的增长，不是被投资或者政府的那部分变动所抵消，而是被贸易平衡增长所抵消。收入中大部分的增长都流失到海外去了，这就意味着，需要解决的美国自身的消费问题只是众多需要解决的问题中的一部分。更大的问题，亦即政策更应当高度关注的，是贸易问题。

贸易平衡

亨利·福特（Henry Ford）因付给工厂工人高于行市的工资而闻名，当被问到为什么这么做时，他出色地回答："我想如果支付给我的工人更多的工资，他们将会来买我的汽车。"[①]

与福特的做法大致相同的，美国的消费热潮不一定会对她在其他无收益经济造成损害。事实上，如果美国人主要消费由美国工人制造

[①] 亨利·福特：《我的生活与工作：亨利·福特自传》，NuVision 出版社，2007 年。

的美国产品（即使是债务融资），那么净效应会是积极有益的。数据告诉我们，美国消费的增长（稍后我们将看到它属于债务融资消费）其实是由贸易平衡（出口与进口的差额）拉动的。但是，就美国方面而言，问题已经变成为，她在过去几十年中更高水平的消费，帮助中国而不是美国国内确保了经济增长和就业。我这么说并不是为了赞成贸易保护主义，而只是陈述现实。

2007年，中国和美国两国之间交易的商品价值超过4,000亿美金，这在1980年只有50亿美金。看一看贸易平衡中的显著差异（出口额减去进口额），2006年，美国出现巨大的赤字，赤字金额达到2006年GDP的6%——这在美国近十年的周期里（2000年的4.3%到2007年的5.3%之间）最悲观。

与此同时，要不是经济实力不断上升，中国的外部地位根本就微不足道。1970年，中国的贸易在GDP中所占份额只有5%，虽然那意味着中国的销售远远超过它的购买，但是这种积极的贸易平衡与2007年的高峰状态相比根本不值一提，经过几十年的积极运行，中国的贸易在GDP中所占的比重高达75%。这就是为什么中国在2009年击败德国成为世界最大的出口国的原因所在。

这一切没有被西方的公民和决策者们忽视。虽然制造业失业带来了巨大威胁，而且美国舆论界诸如电视评论家卢·道布斯（TV Pundit Lou Dobbs）也喊出了"购买美国货"的口号，甚至主张对中国不光明正大的行为进行收费。评论员们一直以来都很关切中国是如何维护和操纵货币以获得贸易优势的，很关心中国是如何保持其固定利率疲软且能控制货币升值的。他们很清楚，中国出口越多，其贸易平衡就越强。然而，西方消费者仍然被中国的催眠术迷惑着。

比较优势 PK 规模最大化者

核心的问题是，美国正遵循着大约 150 年前的经济学教科书中的贸易准则——比较优势定律——行事，比较优势提出了这样一个想法，即从理想的状态来说，个人、公司或者国家应当以较低的机会成本生产出最有效的产品和服务。虽然比较优势的想法理论上来说是不错的，但是只有当所有国家（个人和公司）都遵循同样的规则时才奏效。实际情况并非如此。虽然即使没有贸易伙伴之间的互惠互利，国家也可以从贸易中获得收益，但是理想的状态应该是，若干国家一起做生意，每个国家以最具成本效益和最有效的方式各尽其责地做到最好。

事实上，亚洲国家——以中国为首——往往玩的是绝对优势的贸易游戏〔个人、企业和国家以比别人低的绝对（而不是相对的）成本来生产产品和服务〕。像许多其他的新兴国家一样，中国追求规模最大化，而不是利润最大化，原因在于他们需要扩大规模来推动就业，从而最终维护社会（和政治）稳定。

这就是为什么说中国不只是想制造 T 恤和收音机、玩具和小饰物，并用它们来交换操作系统和飞机的原因所在，中国想制造一切。总的来说，规模最大化者倾向于追求绝对优势，而并非西方国家所假定的比较优势。美国需要承认这个现实，并调整国际与贸易关系来应对此类情况。更多相关问题我们将在之后的篇章中讨论。

政府支出

最后，这是公式中的 G，政府的财政状况。

虽然到 2008 年，大多数工业化国家的财政赤字都保持在 GDP 的 4%

左右（美国 4.1%，日本 3.4%，英国 3.5%），但是在同一年，中国号称有健康的两位数的财政盈余，这也是其过去十年中较好的情况。拿这个跟西方国家的表现比较一下，在 1992 年到 2001 年之间，美国平均的财政赤字为 2%——它预示着接下来的 6 年中，蓬勃发展的政府资金将会出现短缺（2003 年，美国财政赤字接近令人担心的 GDP 的 5%）。

我只想说，出现赤字本身并不是什么坏事情（事实上，很多经济学家认为它是长期增长的先兆），很重要的一点是，国家是否有能力筹集到资金。西方国家向中国等国家大量举债，从而使自己毫无疑问地成为了感恩戴德的债务国。2009 年，美国财政状况岌岌可危：大约占 GDP 11% 的财政预算赤字——这是自二战后以来赤字最多的一年。

美国联邦政府征收的赋税（大约占 GDP 的 17%），几乎抵消掉了政府的国防开支〔2008 年，约瑟夫·斯蒂格利茨（Joseph Stiglitz）估计，仅伊拉克战争的成本就已经达到 3 万亿美金之多——这几乎是美国 GDP 的三分之一〕、医疗和养老金福利（社会保障、医疗保险、医疗补助和退伍军人福利）和债务利息支付。

剩下的部分就靠借款来筹集资金。这部分包括教育、基础设施（道路、轨道、桥梁、水域、交通和隧道）、科技创新、法院和法律制度、对外国的慷慨援助、安全、清洁能源和气候变化议程，这些都要通过借款来筹集资金。这里正好继续讨论另外一个度量分支——债务。

债务钟

1989 年，房地产开发商西摩·德斯特（Seymour Durst）为了提醒人们国债在日益增长，在纽约时代广场附近建造了一个广告牌大小的"国债钟"，这个时钟一天二十四小时就这么一秒一秒地运行着。没

How the West was Lost

有到过纽约的人可以登陆 www.usdebtclock.org 获得同样发人深省的体验。它所展示的是美国在任何一个特定时刻所承受的国债的总价值。①

在 2010 年春天撰写本文的时候，美国的总债务（由美联储界定的包括家庭、企业、州政府和地方政府、金融机构和联邦政府在内的债务总和）达到 55 万亿美金（确切地说，是 54,799,285,524,321.22 美金）。据估计，美国国债自 2007 年开始每天增加 36 亿美金，有一点可以肯定，待到读者读到本书的时候，其债务将会更多。与此同时，大约 12 万亿美金尚未支付的美国国债意味着，每个美国公民都承担着大约 40,000 美金的债务负担（记住，美国人的平均税后实得薪津大约为 45,000 美金，这意味着一个人只是在为 5,000 美金工作）。

换句话说，美国未支付的国债正在迅速接近其全年的国内生产总值，达到 14 万亿美金，到本书出版的时候很可能已经超过这个数字。杜斯特（Durst）原来的债务钟不得不被重置才能归零，这并不奇怪。

接踵而来的消费主义文化只能通过前所未有的债务水平来维持。现实中严酷的债务不仅延及至政府，还延及每一个住户。实际上，这意味着西方国家的政府和个人的支出都超过其收益，他们别无他法，只能通过借款来填补其不足之量，并且他们确实借了款。

这些年来，美国每年支出 8,000 亿美金，远远超过其收入。到 2008 年，家庭债务已经从 1974 年的 6,800 亿美金上升到 14 万亿美金（美国经济总量的规模）；美国家庭债务占收入的百分比，在 2007 年上升至 130%，是 1952 年 36% 的近四倍，而十年前这个数字也只有 100%；美国家庭平均拥有 13 张信用卡，其中有 40% 的债务尚未支付（1970

---

① 国债钟和西摩·德斯特：http://en.wikipedia.org/wiki/National_Debt_Clock。

年只有6%)。很明显,"借债是可耻的"这种观念早被抛到九霄云外了,人们忘记了19世纪中叶英国人会因为债务而坐牢,不付清债务就不会释放。

在2001年到2007年期间,美国公共债务负担从3.32万亿美金增长到6.51万亿美金,也就是说,仅仅六年时间里就增长了96%,债务负担从占GDP的大概三分之一增加到将近一半(从2001年的33%增长到2007年的47%)。正如前面几章讨论的那样,根据美国财政部(2009)"美国国库券的主要外国持有者"的统计,大部分的美国债务融资来自于中国和日本,他们的慷慨援助(虽然收取一定的费用)分别占了美国债务的23%和21%。中国从来都是轻装简从,其债务所占GDP的份额仅仅只有16%,俄罗斯也是如此(在全球金融危机之前仅仅占GDP中的10%)。

如果你视力正常的,并且可以做到冷眼旁观,那么你会认为这些数字很荒谬。并非只有美国落得如此窘境。根据《金融时报》(*Financial Times*)报道,"就金钱而言,(英国)政府期望在2009到2010年期间借到比1692年到1997年英国政府几个世纪以来的所有借款更多的钱。"

当然,人们可以随心所欲地想借多少就借多少,只要有人出局,就会有人准备放贷。当没有人再愿意借钱给你并且贷款人的慷慨援助戛然而止的时候,麻烦就产生了,只留下你来负债,并且是庞大的债务。2008年的冰岛就是国家负债的新例子。

政府和个人借债被计算到GDP公式里。虽然表面上没有出现在公式 $Y=C+I+G+(X-M)$ 里,但是利率水平已经规定了个人与政府的消费和投资的额度。所以,随着利率上升,相应的投资水平将会下降(较

▶ *How the West was Lost*

高的利率又反映了较高的借贷成本，这在表面上不利于投资），反之亦然。同样，如果利率暴跌，储蓄将下降而消费将上升，因为个人会很不情愿为了小小的利息回报而将钱存入银行，相反，他们会贷款来花钱。

记住，虽然在债务危机中，债务一词的名声并不好，但是它已经（并将一直）在运行良好的市场经济中发挥着至关重要的作用。它毕竟是财政的生命线，给借款人提供机会去投资他们可能无法投资的项目（例如，信用卡的使用对企业家来说就是他们创业获取资本的一种方式，据说谷歌就是通过这种方式筹集资金的），给政府提供机会去资助公共建设工程，否则政府可能要穷其一生来筹措资金，当然，它也是一国明天得以成功的必要准备。

人们可能想知道，为什么中国人对美国消费的过度繁荣和房地产市场中的鲁莽的低质量的投资没有愤怒——毕竟他们借给了美国数十亿美金，日本和中东各国也是如此。这意味着这些国家已经使美国政府为了2万亿美金而陷入圈套。

答案是确定的，当然跟中国有关。

首先，这是供应商融资。依靠充裕的资金，中国人愿意为美国提供贴息贷款——贷款刺激了由债务承保的消费——信用卡债务、消费贷款、汽车贷款和助学贷款等。中国所能获取的收益如此之多（至少短期内是这样）。作为对满足这些贪婪消费的报答，美国的消费有利于保持中国工厂运转和数百万中国人就业。对于任何政府来说，尤其是对中国政府来说，这都是一个巨大的政治成就，因为他们是着力于通过解决数以百万计居民的就业来实现其发展计划的。

记住，由于中国庞大的人口规模，它采纳了规模最大化的立场。

它能推出的并在境外销售的产品越多,整个国家就会越好。产品是否是在非市场(也就是扭曲的)情况下出售的,或者即使没有任何盈利,也无关紧要,这种规模最大化的取向适合他们,而西方的利润最大化的原理则被他们抛弃。概括来说,由于中国可以获得一些非常有价值的东西,所以他们永远不会恩将仇报。美国国际贸易委员会(US International Trade Commission)估计,2008年美国从中国进口的数额达3,378亿美金,这是中国从美国消费者手里中获得的盈利。

第二个原因可以回溯到前面对担保消极面的讨论。虽然数以百万计的美国人的借款有可能造成历史上最大的非生产性泡沫,但是美国政府已经给中国和其他借款方作了铁一般的保证:不论发生什么事情,他们都能收回他们的贷款。甚至当"不论发生什么事情"的情况出现时——房利美和房地美几近彻底崩溃——中国人也没有呼吁和要求这些机构减少他们的风险,他们只是打电话给美国政府提醒他们谁是老板,敦促他们为美国持有的中国债务做保证。美国对中国感极涕零,并进一步使他们自己深陷债务泥潭之中。在中国类似的举动被嘲笑和指责时,需要注意的是,即使在个人层面上,大多数美国人也表现得跟中国的做法很相似。

虽然人们的确早在2005年或2006年的时候就察觉到住房市场价格看起来有泡沫,并通过出售房地产投资信托基金(REITs)和房地产股票抽身出来,但他们做了什么呢?他们把钱存入银行账户,却从未问过银行是如何处理这些钱的。他们为什么没有问呢?因为他们的存款是由政府担保的。当然,这个世界后来才发现,实际上所有银行都已经被这个市场(住房市场)收买了,而这个市场本是存款人试图逃离的那个市场。

> How the West was Lost

水晶球中的一个掠影

人们说，更深入理解中国人心理的一个最好的方法是理解象棋，这个双人棋类游戏类似于吸引了数以千计观众的国际象棋，这个游戏似乎可以让人们对中国人的思考和制定长期战略的方式有一个粗略的了解。也许，要想简单理解中国经济战略，就是去读《中华人民共和国国民经济与社会发展的"十一五"规划》。

这里呈现的是由中国国家发展改革委员会起草的14点计划。这项计划涵盖了人们可以预期的所有关键部门——科学与教育、环境、证券，还有传统上较少与中国的情况有联系的主题，例如民主政治和机构改革。无论中国制定了多详尽的进攻战略——具体细节很少，但是有一点是显而易见的，即他们正在做正确的事。

虽然"其他国家"的经济政策并不一定完全相同（例如，印度比中国更接近全球贸易），但是，回顾过去30年，最主要的新兴国家取得的经济成果大致是相似的。当私人储蓄在"其他国家"增长时，西方的私人储蓄却在减少；当"其他国家"的政府预算飙升到盈余时，西方国家的财政赤字却在不断膨胀；当贸易平衡越来越朝着"其他国家"的方向倾斜时，不断增加的进口给西方的贸易地位留下了巨大的缺口。

除此以外，在整个新兴市场中，其发展方针都是经过深思熟虑的并且是成体系的——没什么是碰运气的。最重要的是，大多数预测者都一致承认，新兴国家的策略是卓有成效的。

10年前安格斯·麦迪森（Angus Maddison）推测，中国会在2020年之前超过美国，成为世界上最大的经济体。美国投资银行高盛投资

第六章　新兴国家比老牌西方国家强在哪里？

公司因在2001年和2003年作出了同样令人吃惊的预测而赢得声誉（和骂名），在其出版的研究报告中，他们认为中国正在走向GDP排名表的顶峰，巴西、印度和俄罗斯也不甘落后。事实上，据他们的估计，这四个国家有望在2050年跻身世界五大经济体的行列。

虽然中国1986年的人均收入超过了印度，但是印度在很多方面都是有潜力的。一些预测认为印度将在下一个30年内成为世界三大经济体之一，而且在接下来的50年里，只有"金砖四国"的经济能够保持5%以上的增长率。

印度已经拥有了世界上最庞大的中产阶级队伍，在2009年达到4.5亿人，超过所有欧洲人口的总和。据估计，到2050年，印度蓬勃发展的中产阶级将会为全球中产阶级贡献20亿新成员。2006年，美国占世界GDP中的份额达到26%，这一数字早已在两年前就被新兴经济体远远超过，新兴经济体如今在世界GDP所占份额将近三分之一。

这一切意味着什么？

2009年初夏时节，新任美国财政部长蒂姆·盖特纳（Tim Geithner）对着一屋子来自北京大学的中国学生，发表了关于正在持续的金融危机的演说。为了让他们不再怀疑美国的诚意，他告诉他们说，中国官方持有的美国国债是安全的。这一声明赢得了爽朗的笑声。美元万能的信念早已不再。

美元地位的下降不只是随便说给几个学生听的，也不是说给中国听的，即决不是说说而已，它确确实实在下降。也是在达沃斯的世界经济论坛上，很多国家很快指出美国的傲慢来，中国国务院总理温家宝要求对主要的储备货币进行更好的监管，而弗拉基米尔·普京斥责世界对美元的过度依赖是"危险的"，中国人民银行行长周小川建议创立世界储备货币以取代美元（通过国际货币基金组织的特别提款权统揽世界主要货币：美元、欧元、日元和英国英镑）。

虽然美元仍旧是全世界的首选货币（尽管从1973年的外汇储备中的85%下降到现在的65%），但看看英镑的生命周期就知道大势不妙了。1899年底，英镑大约占外汇储备的64%，而到了1913年底，英镑大约占外汇储备的48%。

不足百年之前，英镑是世界上最受青睐的货币，[①] 其地位随后被美元所取代。展望未来短短30年，不难构想出这样一个世界——所有的货币都变得一样，彼此之间没有力量优势。崛起的新兴经济体拥有货币储量的四分之三（中国自身就占了整个货币储量的三分之一），难怪外汇市场的投机活动充斥着对主要新兴国家货币的期待。

有人认为，中国人民币成为世界货币的前景在可以预见的将来并不太乐观，他们认为世界各地的中央银行可能会更多用美元作为储备货币，因为大部分的全球贸易仍然是以美元结算的，他们还认为，美国在亚洲和中东地区的盟友不大可能抛售美元，因为他们要仰仗于美国的军事庇护，这既是一个政治决策又是一个经济决策。当然，有一种观点认为，在人民币成为首选货币之前，中国经济还要经历一段很长的成长之路。尤其是，它的债券市场、汇率制度仍缺乏与美元相抗衡的规模、深度和可兑换性。然而，另一种迹象也渐渐出现。

很多人把2009年中国借给国际货币基金组织的500亿美金看作是人民币将成为世界货币的最明显的迹象，因为她使用的是她自己的货币——中国的本土货币——人民币。

[①] 参考巴里·埃肯格林：《英国的过去，美国的未来》，2005年4月。

2009年，作为给其贸易伙伴提供种子基金的方式，中国人民银行与六家中央银行签署了总价值6,500亿元人民币（950亿美元）的双边货币互换协议，这六个国家和地区分别是韩国、中国香港、马来西亚、印度尼西亚、白俄罗斯和阿根廷。与此同时，中国正在与其他中央银行讨论形成其他的货币互换协议，并很可能通过拓展协议来覆盖其与亚洲国家的所有贸易。中国在国际贸易和全球金融中提高人民币地位的策略在周密而准确地进行中。

美元不再是这个世界最受欢迎的货币了，人民币将取而代之。试想一下，到那时，外汇、股价、铜价、油价，都将用人民币进行结算。[1]

---

[1] 参考宋鸿兵的《货币战争》。

第七章
以中国为代表的东方顽强地崛起

第一节　能源和疾病的挑战

在荷马的《奥德赛》①中，斯库拉居住在岩石上，经常把途经的水手吃掉。她的外貌非常奇特，长长的脖子上长着6个头，有12只脚，腰间缠绕着由许多恶狗的头围成的腰环。卡律布迪斯是另一个怪物——他张着血盆大口，吸入大量的水，每天分三次喷出来制造漩涡。当奥德修斯穿过海峡时，不得不与其中一只怪物正面交锋，而他宁可选择从斯库拉旁边经过并损失几个水手，也不愿冒让整个船队掉进漩涡的危险。

像奥德修斯一样，西方世界似乎也处于两难选择之中。现在被迫选择和其中的一只怪物对抗，如果她不采取任何行动，西方世界就将面临经济的迅速湮没无闻，如果她和现在一样，继续执行执迷不悟的政策，虽然生存时间可能会延长，但经济消亡是不可避免的。

2009年拉斯姆森（Rasmussen）的民调（Polls）显示，37%的

---

① 荷马：《奥德赛》，哈克特出版公司（2000）。

美国人不再期望美国在世纪末还能保持世界第一，将近一半的受访者（49%的美国人）认为，美国辉煌的时代已经过去了。[1]根据皮由公众与媒体研究中心（Pew Research Center for the People & the Press）2009年12月的统计，只有27%的美国人认为美国是世界上第一大经济强国，44%的受访者认为中国现在把持着这个地位。

从理论上来讲，面对亿万人民的收入和生计得到切实的改善并趋近西方工业化国家的水平的现状，整个世界（包括西方国家）应当对此感到高兴。毕竟，更广泛的世界经济增长会带来更大的经济市场、更广泛的技术进步、更少的全球贫困，会使世界上更多的人生活得更美好。当然，问题是我们不可能都成为赢家。自然资源的限制和制约提醒我们，事情就是如此。不过，暂且撇开令人沮丧的统计数字不谈，不管怎样，他们仍有保持乐观的理由。尽管有来自金融危机的冲击，但对西方来说这并不一定意味着优势的终结。

从积极的一面看，美国仍然是世界上最大的单一经济区。它在世界GDP中仍然占有30%的份额，这意味着美国可以从经济力量的相对位置起步。它仍旧是最大的制造商，是世界上顶尖大学的所在地，最具经济竞争力，而且在创造利润方面也遥遥领先；它在机构的透明和可信方面仍然保持领先，其法治和个人自由虽然远非完善，但仍然是世界做得最好的地方之一。对于千百万人来说，西方仍然是更充满机会的地方。西方国家仍然为其公民提供着最好的生活（饮用水，空气质量），甚至在像纽约、伦敦和巴黎这样人口最稠密的大都市的周边

---

[1] 拉斯姆森报告：http://www.rasmussenreports.com/public_content/politics/general_politics/august_2009/28_say_u_s_will_be_number_one_at_end_of_century_37_disagree;http://www.rasmussenreports.com/public_content/politics/mood_of_america/america_s_best_days

地区也是如此。总之，像美国这样的地方仍旧处处充满着原始的、得天独厚的自然资源。

毫无疑问，新兴国家正在趋近最富有的国家，而且正在迅速趋近。美林公司（Merrill Lynch）和凯捷咨询（Capgemini）预计亚太地区到2013年会超过北美成为世界上最大的富人聚集区。前面已经指出过，为了获得经济优势，新兴国家还有很多障碍要清除，他们的城市充斥着膨胀的人口、薄弱的基础设施，另外，收入差距的不断拉大、来自健康的威胁和政治的不稳定性等，所有这些都是新兴国家存在的问题。

由放纵到节制

2008年夏，尼日利亚面临严重的电力短缺。据报道，该国只能为其1,500万人口设法生产6,000兆瓦特的电力。同样，南非每年都要面临严重的能源短缺，每年只能为6000万人生产将近40,000兆瓦特的电力。尼日利亚明显是身陷困境了，但是严重的断电不只限于非洲，也不只限于新兴世界，加州和德克萨斯州的限电和大范围停电足以证明，电力短缺在全球范围内广泛存在。这是一个恶性循环，实现电力生产现代化努力本身需要一个持续并可靠的功率流，可悲的是，它并不存在。

"27万亿美金"，是国际能源机构（International Energy Agency）为补救世界长期电力短缺所进行的费用估算。这个数字大约相当于今天美国GDP总值的两倍。

英国研究者预测，到2030年全球能源需求会增加50%。能源方面持续上升的压力众所周知。例如，2002年英国成为天然气净进口国，而就在几十年前，她还是世界上主要的石油和天然气出口国，并且还能满足自己的国内的需求。欧洲已经耗尽了自己的大部分资源，其能源有30%进口自俄罗斯。今天，美国仅有5%的世界人口，却耗费25%的世界能源。

受制于贫穷的、以石油为基础的新兴经济体，对工业化国家安全的影响自然是巨大的。然而，美国的能源进口仍然依赖地球上可以说是最不稳定的国家——举几个例子来说，有安哥拉（3.2%）、伊拉克（6.3%）、委内瑞拉（8.4%）和尼日利亚（9.6%）等。更糟糕的是，除了挪威以外，所有繁荣的国家绝大多数都成了能源进口国，只有少量国家出口能源。

由于石油出口国（正是新兴世界的"其他国家"）会继续促进本国中产阶级对（国内的）能源的需求，全球前景变得更加不稳定。在一本2004年的出版物《"金砖四国"和全球市场：原油、汽车和资本》中，高盛投资公司的经济学家认为，在之后的25年里，中国的石油需求在全球石油需求中所占得份额将从9%左右上升到16.5%，这种增长势头被迅速增长的中产阶级加剧了；据估计，"金砖四国"中有2亿多人的年收入超过15,000美金。

但是能源需求只是问题的一个方面。而真正令人担心的是，能源供应不可能满足需求。英国能源研究理事会（UK Energy Research Council）的一份报告称，世界常规提取石油的产量可能在2020年以前"达到峰值"，随后便下降，并且还存在着一个"重大风险"，即全球石油产量会在十年后开始下降，美国的石油产量和天然气产量已分别于1970年和1973年达到顶峰。

国际能源机构(IEA)也敲响了警钟。它在2008年预计，到2020年，常规石油产量会下降50%，而到2015年，石油供需之间可能会产生

> How the West was Lost

巨大的差距。根据国际能源机构《2008年世界能源展望》的预计，要想满足2030年的石油需求，世界将需要在2007年到2030年期间创造"大约每天6,400万桶的额外产量——相当于今天沙特阿拉伯石油产量的近六倍"。①

前景越来越暗淡了。正在进行的全球努力无法满足，石油生产的投资（尤其是西方政府的投资）已显不足。考虑到能源制约的地缘政治风险，国际能源机构认为，到2030年，每年需要至少4,500亿美金的财政支出来维持石油产量，并且每天的石油总产量需要增加到1.04亿桶。今天，沙特阿拉伯是世界上最大的石油生产国，俄罗斯第二，他们加在一起一天也只能生产900多万桶石油，而美国每天需要进口1,100万桶到1,200万桶。

全球咨询公司麦肯锡（McKinsey）声称，瞄准能源效率中成本效益机会的一年1,700亿美金的计划，可能会使能源需求减半、减少温室气体排放并产生可观的回报。然而，能源替代品——天然气、矿物燃料、核能、水电力、生物燃料、煤和其他可再生能源——也无法填满石油需求的缺口。此外，甚至是为实现"绿色增长"所作的最好的和非常积极的努力，也被当前的石油和能源需求、粮食生产的地缘政治和今天的运输需求扼杀了。

这就是底线。考虑到资源（能源、土地和水）的匮乏，到那时，10亿中国人想要过上3亿美国人那样的生活几乎没有可能。在其他条件都相同的情况下，要达到美国的生活水准是不可能的，但西方的生

---

① 2008年国际能源署的世界能源展望预计，到2015年在供应和需求之间可能有700万桶的差距，这个差距是2015年未来世界需求的91万桶（每日桶数）的7.7%，相当于中国未来需求的60%多和美国未来需求的39%。

活标准恰是中国人（更别说来自其他新兴国家的数百万民众了）追求不已的目标。

"其他国家"必须打的硬仗

在一篇题为《全球挑战——我们的责任》的报告中，瑞典政府指出，下一个世纪阻碍世界发展的六项主要因素是：压制、经济排斥、人口流动、气候和环境变化、冲突和脆弱局势、传染性疾病和其他健康威胁。很明显，每一个因素本身都值得仔细研究。尽管如此，我们还发现一个特征，即这些麻烦正是新兴世界的特征。在西方人眼里，这些对"其他国家"的崛起来说是障碍，对其经济的增长和繁荣来说都是拖累。

时至今日，压制仍然被许多人看作是新兴世界的要素，甚至是在表面上是民主统治的新兴国家里，一些在西方国家看来是理所当然的自由权利，都被限制或否定。言论自由、出版自由、活动自由、集会自由和追求财富的自由，都受到不同程度的限制。毕竟，只有在1977年的印度——世界上最大的民主国家，才出现了由桑贾伊·甘地（Sanjay Gandhi）发起的强制节育计划以限制本国人口增长。成千上万的有两个或更多孩子的男性以一台晶体管收音机的补偿被迫接受输精管切除手术，但这是政府官员和警务人员为了达成他们的目标所做的决定，他们当中的数千个——未婚男女和政敌——也要被绝育。[①]

这些冲突确实肆虐于新兴世界中。无论是在巴基斯坦、伊拉克、阿富汗，还是在中国都存在着类似的问题。当数百万的年轻人努力找着工作，并面对着不见起色的国内经济前景时，政治动荡甚至是全面

---

① 印度强制绝育计划：http://en.wikipedia.org/wiki/Compulsory_sterilization。

> How the West was Lost

战争都有可能爆发。像乌干达这样有着 3,200 万人口、中值年龄为 15 岁的国家，和像伊朗这样 65% 的人口都在 30 岁以下的国家，只是新兴世界中诸多国家中的两个例子，如果年轻人没有被适当安置，那么他们会在国家发展过程中发挥着决定性的破坏作用。

是的，经济排斥是严酷的生活现实，而收入不平等（通过基尼系数来衡量，满分 100 分，基尼系数越低表示分配更加公平，相反基尼系数越高表示分配越不公平）在新兴世界中仍旧意味深长：中国（的基尼系数）：41.5，印度：36.8，巴西：55；俄罗斯：37.5；美国的基尼系数从没有低于过 40.8。

在环境问题方面，印度与中国之间的持续对峙，很大程度上是由于缺水引起的。很多更严重的地区冲突的都是围绕着水、能源、土地和基本的人类生存资料的争夺而展开的。中国正在酝酿使雅鲁藏布江改道、接入黄河，而这将会对孟加拉国和印度的土地与人民造成破坏性的影响，也有可能由此引发水资源战争。① 同时，国际能源机构预测，在 2009 年到 2030 年期间增加的碳排放量中的 97% 将来自非工业化国家——仅来自中国、印度和中东地区的就占 75%。1952 年的伦敦烟雾事件（Great Smog of 1952）在短短 5 天内致使伦敦的 12,000 人死亡，如果任其发展，新兴世界的污染风险将更具毁灭性。

疟疾、霍乱和艾滋病是某些较贫困国家的特有疾病，但是近些年来，世界目睹了一系列新的健康威胁，有 SARS（严重急性呼吸系统综合症）、禽流感和猪流感（虽然公平地说，这一威胁没有如预期的那样被

---

① 雅鲁藏布江的改道计划：http://haaretz.com/hasen/pages/ShArtStEngPE.jhtml itemNo=1107596&contrassID=2&subContrassID=4&title='The%20Sino-Indian%20water%20divide%20'&dyn_server=172.20.5.5。

证实)。所有这些传染性疾病都发源于工业化之前,在迅速崛起的经济环境中,由于人口过多而农业规模又较小,以至于人畜混杂,最终导致疾病的传染。尽管有人员伤亡,但是这些容易传播的疾病还没有发生充分地突变,也还没有遍布全球,但是人们应当想象到,这只是个时间问题。

压制、战争、环境问题、健康问题、新马尔萨斯主义(Neo-Malthusian)、资源限制(土地、水和能源),以及大多数新兴世界国家的就业前景缺乏、大规模的移民,这一切似乎都是不可避免的。今天,有大约2亿人(世界人口的3%)住在他们的原籍国以外。真正令人担忧的是,除非这些问题得到解决,否则全球迁徙模式和流离失所的人数只会有增无减。美国估计,截止到2008年,全球将会有4,200万被迫流离失所的人口,其中包括1,520万难民。[①]

在罗伯特·卡普兰(Robert Kaplan)1994年发表在《大西洋月刊》(Atlantic Monthly)上的题为《即将到来的无政府状态》(*The Coming Anarchy*)的著名文章中,他表达了更悲观的看法。他提出了一个令人信服的理由,来回答"资源缺乏、犯罪、人口过剩、部落制度和疾病"何以成为发展中世界的丧钟,并拖累世界其他国家。这是个全球性的灾难。

这些威胁带来的人员伤亡将可能是毁灭性的:14世纪和15世纪的鼠疫,导致了法国66%的人口的和英国50%的人口丧生。

目前有预测认为,如果不出现致命流行病、全球饥荒或者爆发第

---

① 联合国难民事务高级专员,"2008年全球动态:难民、寻求庇护者、归国人员、国内流离失所者和无国籍人",2009年6月16日。

▶ How the West was Lost

三次世界大战，到 2050 年，世界人口将超过 90 亿；英国政府顾问估计，到 2030 年世界人口最多的时候会达到 80 亿（在今天的大约 60 亿人口的基础上增长 33%）；中国已经有 40 个城市的人口达到或超过一百万。如此庞大的全球人口产生的连锁反应，在许多方面都很危险。

就城市化和城市迁移而言，据称，到 2050 年，全世界 70% 的人口将居住在城市。据统计，中国每年大约有 2,000 万人从农村向城市迁移（按这个流量粗略估计一下，在下一个十年里，中国将需要 2 亿个新的就业机会）。到 2035 年，将有大约 4,000 万人涌向拉各斯(Lagos)，拉各斯是尼日利亚最大的都市，它由若干岛屿组成，面积不到 1,000 平方公里。

的确，对更富有、更古老的欧洲来说，人口前景变得越发黯淡了。在没有大规模的迁移的情况下，欧盟统计局（Eurostat）认为欧盟地区人口（目前大约有 5 亿人）的增长速度将降低，他们预计人口会在今年（2010 年）开始下降，并且到 2050 年将降至大约 4.44 亿人。同时，根据美国国家情报委员会 (US National Intelligence Council) 出版的《全球趋势 2025：转型的世界》的统计，在未来的 20 年里，几乎所有的人口增长都来自非洲、亚洲和拉丁美洲，而来自西方国家的不到 3%。50% 的非洲人在 18 岁或 18 岁以下，仅孤儿就有 4,700 万。要使这么多年轻人获得工作或者生存所需的土地，国家的政治压力实实在在很大。

人口的变化总是会对粮食和水的需求产生重大的影响，预计到 2030 年对粮食和水的需求会分别增加 50% 和 30%。研究人员继续关注粮食安全问题，粮食安全确实是一个重大问题。例如，英国如今的粮食自给率是 60%，据预测，在短短 20 年到 30 年内，英国的日常饮

第七章 以中国为代表的东方顽强地崛起

食会与二战时的状态非常相似，就是对肉、面包、果酱、糖、茶、奶酪、鸡蛋、牛奶和烹饪油等食品实施定量供应。这就是"双重打击"的结果——人口的迅速增长引起的更多的粮食需求加上资源（水、可耕地等）的减少。经济增长引发人口增长，而人口增长必然会引起对蛋白质食物——例如肉和奶制品——更大的需求，同时也加重了供水〔生产1公斤（2.21磅）的小麦需要1,000升水〕和土壤（9公斤的粮食才能换取1公斤的肉）的压力。

其中的逻辑是这样的：世界上土地数量有限，土地争夺变得越来越激烈，不只是私营部门的个人、公司和基金带头购买土地，许多政府也在世界上土地充裕的地区购买土地。在《明镜周刊》（Der Spiegel）发表的一篇题为《新殖民主义：外国投资者抢购非洲农田》的文章中，他们只着重强调了几个例子：苏丹政府将150万公顷的基本农田租赁给墨西哥湾国家（美国墨西哥湾沿岸各州）、埃及和韩国达99年；科威特已经在柬埔寨租赁了130,000公顷的稻田；埃及计划在乌干达种植840,000公顷的小麦和玉米。非洲拥有80%的未开垦的可耕地。对土地的占有不仅仅关乎竞争，同时，也可以由此抑制粮食短缺引发的粮食价格上涨。

就政治上的软肋来说，欧亚集团（Eurasia Group）的《全球政治风险索引》（Global Political Risk Index）按照承受内部或外部冲击和危机的能力的大小，对24个新兴市场国家的稳定性进行了排名（从0到100，低分意味着表现较差，高分意味着表现较佳）。其中最为稳定的国家（指标值大于80）大多拥有下列特征：高效的国家机构、高度的政治制度化、高度的政治合法性、良好的经济发展态势和健全的政策、没有明显的反国家势力、极少的政治暴力、无明显的道德和宗教之间的紧张关系以及极少的人道主义灾难。得高分的国家包括匈牙利(77)、韩国(76)、波兰(74),得低分的国家有巴基斯坦(42)、尼日利亚(46)、委内瑞拉(51)和伊朗(51),这也许并不令人奇怪。此外,身为世界上最危险的国家,其国家稳定性排名情况如下:索马里、阿富汗、伊拉克、刚果民主共和国和巴基斯坦。

提供政治风险保险的公司向可能的投资者提供应对各国不利的政府行为、战争、内乱和恐怖主义的保险,这样有助于降低投资风险。用这种方法,政治风险保险行业制定了一个世界上最危险国家的排名。

尽管发展起来不会一帆风顺,"其他国家"的确拥有些西方国家没有的东西,他们更具备执行利于社会平稳发展的决策的政治勇气。综上所述,一系列挑战为我们呈现了一幅令人沮丧的画面,这幅画面告诉了我们"其他国家"的发展之路何以可能动摇和停止。但是,正如下一部分将要讨论的,虽然新兴国家易受外界影响,但是他们的困难并非无法解决。

政治法则

2009年8月,人们见证了子科滩(Ziketan,中国青海省一个人口10,000人的小镇)最致命和极少见的鼠疫类型——肺鼠疫的爆发。中国政府迅速采取行动,封锁小镇并隔离当地居民。中国当局面对此类事件的反应大致相同,他们似乎总是单方面地并果断地对影响整个国家的事件做出反应,对此有些人会认为,这是社会公益胜过个人得失的表现。

与此同时,把它跟同一个月发生在英国的事件相比,当时英国当局正在努力应对猪流感的爆发。虽然医学专家警告政府大量地派发抗

第七章　以中国为代表的东方顽强地崛起

流感药物会产生危险，但是政府由于害怕选民的强烈反对，最终选择派发药物，这些药物不仅是不必要的，而且可能会助长病毒变异并使其达到一个更具破坏力的形态。大流行性流感伦理委员会的一员（Committee on Ethical Aspects of Pandemic Influenza）罗伯特·丁沃尔（Robert Dingwall）教授说："有人认为……如果我们只告诉他们有庞大的药品储备，但不给他们提供药品，这对英国人来说是无法接受的。"

"其他国家"的思维观念和西方国家的思维观念存在着本质的不同。在像中国这样的国家，国家至高无上，政府会按照并为了整个中国最广大的利益行事，甚至不惜以牺牲个人为代价。相反，西方政府已经使得个人权利高于一切的观念在人们的脑海中根深蒂固。

当然，这些政治决策的风格之间的界限通常很模糊——印度就是个例子，但是在很多情况下界限还是很明确的——例如在俄罗斯和大部分中东国家等。更重要的一点是，通过这种政治上的强硬策略和手段，发展中国家能够并且确实作出了更艰难、更棘手的决策，并能比西方对手在更短的时间内使权力生效。

例如在美国，为了通过一项法规，政治决策过程必须经过国会、参议院和总统办公室。值本书写作之际，美国总统正在全国游说，试图为一项可以惠及数百万美国人的医疗保健计划争取支持，但是这项计划正面临着其他来自既得利益集团及其支持者的强烈反对。虽说这是民主运行的体现，但是其成本巨大。

在英国，要想获得建造公路、火车站和主要的大型基础设施项目的规划许可，需要花上好几年的时间来进行咨询和公开辩论。自英国政府发布建造希斯罗机场（Heathrow Airports）第三条跑道的白皮书以来已经六年了，但机场迄今仍未建成。

> How the West was Lost

事实上，不管怎么样，对大多数西方国家来说，做出的决策极有可能可以被新当选的不同的政治派别和持有不同政见者组成的政府迅速修改或推翻，因而，政策制定的一致性只有在现任政府执政的情况下才能持续和得到保证。在美国，政治法则（院外活动集团除外）就是，国会和参议员两年改选一次，每24个月他们就要为选举而争斗（总统竞选每四年一次——存在着政策方向发生改变的风险）。

坦白说，为了给予国家更多权力而去修改在美国实施了300年并使美国人民引以为傲的宪法框架，是不太可能的，然而，更多的权力、更多的灵活性和更少的委员会却的确是国家所需要的。在金融危机的深处——经济紧急状态司空见惯，使得国家和整个世界对其俯首称臣——在美国总统和他的顾问们可以有所作为之前，不得不首先围绕一个迫切需要的财政刺激方案达成共识，这样做到底有什么意义呢？相比之下，中国为了对付金融危机，在2008年11月出台了合计5,860亿美金（4万亿人民币）的经济刺激计划，此计划在数日之内便付诸实施，其经济刺激计划总额差不多是过去两年年度经济产出的15%。①同样，在2000年的禽流感爆发时，据说中国在几天之内屠宰了2百万只禽类来避免流感蔓延。而由于政治上的权衡和政治决策过程的影响，在美国纵然是想屠宰一只家禽也得作出巨大努力。

中国（事实上在新兴市场的很多国家）的制衡结构有很强的说服力，当然，这是就政策制定后能迅速落实方面而言的。但是，不管民主和个人权利的神圣不可侵犯是否占上风，问题仍然存在。最恶劣的行为

---

① 温家宝总理："中国经济刺激计划至2009年4月已初见成效"，据新华社报道："中国宣布实施大规模的刺激计划"，《福布斯》，2008年11月9日。

和政策往往就是利用经济和社会的善意来制造事件的——无论如何在实践中，随着时间的推移，历史会告诉我们，越是自由的人越具有生产效率。

第二节　西方自由主义经济制度的破产

在过去的500年里，西方的经济统治中充满着冷酷无情和利己主义。它的军事力量、它的全球掌控以及它对世界的影响力，都浓缩在它的贸易史中，或者更确切点说，就是坚定地从其他国家、其他大陆、其他人民那里获取物资、土地和劳动力以推动其经济发展——换句话说，就是使他们变得富有——的历史。虽然这种经济主导地位从一国传递到了另一国，无论是威尼斯还是荷兰、西班牙、法国、英国或是美国，无论在1760年还是2006年，经历了无数的战争、瘟疫、政治动乱，西方国家依旧保持着它的"铁腕"，依旧有不惜一切代价从其他国家获得他们想要的东西的那种执拗的决心。

说明他们野蛮要求的例子比比皆是：仅仅是出于保护对中国有利可图的毒品贸易的目的，英国在中国发动了心狠手辣和残酷无情的鸦片战争，而且鸦片本身也使成千上万的中国人变得衰弱无比（这场战争被年轻的格莱斯顿描绘成"一场动机极为不正义的战争，一场给中国带来永久的无法估量的耻辱的战争"[①]）。而非洲的历史就是一部奴

[①] 格拉德斯通的引文：http://en.wikipedia.org/wiki/Opium_Wars。

役史，不仅仅有来自英国人和美国人（在 900 万到 1,200 万之间）的奴役，还有来自法国人和荷兰人的奴役——对廉价劳动力实质上的垄断。石油、小麦、调味品，凡是西方世界想要的都得到了。对他们而言，自己的需求和利益是至高无上的，其他一切都微不足道。在西方世界的强烈欲望下，许多国家和人民走投无路。

在哈姆扎·阿拉维（Hamza Alavi）的《资本主义和殖民生产》一书中，他估计在 1793 年到 1803 年之间，从印度到英国的资金流动大约达到一年两百万英镑（相当于今天的数十亿），他指出，"这不仅仅是印度贫困的一个主要因素……也是英国工业革命的一个非常重要的因素。"

没有什么比埃及棉花贸易更能说明这种模式的了。19 世纪中叶，英国棉花主要由美国南部供给，金字棉（King Cotton）是南部经济的支柱。随着这项贸易在美国内战中遭受巨大挫折、进口大幅度下降，英国和法国转向埃及，大力投资棉花种植园，埃及政府也拿出大量贷款给欧洲银行家和证券交易所，埃及的棉花贸易蓬勃发展。然而，当美国内战结束时，英国和法国的商人毫不犹豫地抛弃了埃及市场，使埃及陷入了金融危机，最终致使埃及在 1882 年宣告自己的国家破产。

西方的经济优势在当时看上去似乎还不那么明显，但是其无可争议的地位在 20 世纪中叶得以确立，美国和西方国家的决策者有意识地决定开放他们的经济以便商品和服务的自由流动。

到 20 世纪 50 年代，由美国领导的西方经济主要还是重商主义的，它选择通过限制境外资本和劳动力来维持对经济的控制。贸易只是炮兵的一个武器。例如，美国的斯穆特—霍利关税（US Smoot-Hawley Tariff）"对 3,200 多种进口到美国的产品和原材料征收了高达 60% 的有效税率",扰乱了西方立法。甚至在此之前,面对包括棉织品在内的更加便宜的英国商品,美国还是在1824年和1828年通过关税保护自己的利益。

虽然贸易关税是为了捍卫自己国家人民的经济福祉,并且它也是政府实现政治诉求的一种有效的工具,但是对坚持自由市场优点的自由主义经济思想来说,贸易关税就是个诅咒。亚当·斯密(Adam Smith)是经济学信仰领域中的教父,是李嘉图(Ricardian)学说的先驱,他的理论赋予了布雷顿森林体系以形式及合法性。

布雷顿森林体系的弊端

在1944年7月的头三个星期里,一场将永远改变美国命运的会议,在美国新罕布什尔州布雷顿森林中的华盛顿饭店召开,来自44个国家的700多名与会代表决心建立一个全球金融与货币管理体系框架。英国杰出的经济学家约翰·梅纳德·凯恩斯(John Maynard Keynes)和当时的美国国务卿亨利·迪克特·怀特(Harry Dexter White)主持了讨论,从而为这三个组织机构奠定基础:国际复兴开发银行(通常被称为世界银行)、国际货币基金组织(IMF)和国际贸易组织。所有这些都旨在对国际金融进行重组,建立一个多边贸易体系和构造一个全球经济合作框架。布雷顿森林会议开启了一个经济繁荣和稳定的新时代,但是,现在它却被证明是西方消亡的真正来源。

只要每个人、每个国家公平行事并坚守游戏规则,李嘉图思想所主张的自由市场原则将很好地发挥作用。基本上,每个国家都会尽他们最大的努力去开发、发展和生产产品和服务,这就是著名的比较优势理论。这一理论认为如果每个人都依从个人利益行事时,国家将永

> How the West was Lost

远不能通过操纵手中的政策工具来取得不公正的优势。事实上，这种假设不太现实，所以世贸组织没有多少出色的业绩记录。

包括西方国家在内的各国政府无视游戏规则的传统由来已久。的确，积极地建立开放市场体系的国家，会率先打破行规。

布雷顿森林协议（Bretton Woods agreements）签署之后有大量政策出台，统称之为"以邻为壑的政策"。西方政府用这些政策来寻求自身利益并以牺牲别国利益为代价。例如，通过贸易关税和进口配额，如通过斯穆—特霍利关税法（Smoot Hawley Act），美国得以（至少暂时可以）增加国内就业机会并削弱国外制造商。同样，在2002年，总统乔治·布什对进口的钢产品增收关税（高达30%）以支持美国的钢铁企业。① 而最近，在2009年，总统巴拉克·奥巴马政府对中国轮胎进口设置了贸易壁垒。

汇率操纵是能够说明政策怎样被政府有效地利用以进一步达到自身目的的另一个例子。通过人为地保持货币的强劲，决策者们可以打击国内的通货膨胀，但这会牺牲国际竞争力，然而，这些国家若采用弱势货币政策又会导致国内通货膨胀。

这些做法并非虚构，甚至在今天，西方世界也是以牺牲发展中国家利益为代价来追求利己主义的政策实现的。无论是3,000亿美金的美国农业补贴计划，还是欧洲共同农业政策（European Common Agricultural Policy）② 或欧洲飞机制造行业,他们每年都能获得数十亿美金的补贴。在美国，金融危机之后，贸易保护主义再次被吹捧为一种

---

① 关于钢铁关税,《钢铁税幕后》,《商业周刊》(2002年3月8日)。
② 欧洲共同农业政策：http://europa.eu/pol/agr/index_en.htm。

必要的工具。

这种赤裸裸的不惜一切代价的利己表现在"其他国家"也存在，尤其是在中国。中国已经看出这些操控措施有多么的富有成效。当然，在中国和西方国家之间一直存在宿怨，因为中国一直刻意保持人民币在世界货币流通中的有利地位，并且为了刺激出口人为地降低利率。西方国家多次抗议，基本都以无效告终。中国依旧顽强地不为所动。综上，当有一种有吸引力的工具能在短时间内发挥杠杆作用时，从长远来看，保护主义就鲜能生效了。

人们也看到，中国已经完善追求"逆向竞争"政策方面的技巧，在这种竞争政策中，政府通过不停地削弱其竞争对手来谋求经济优势。例如，在亚洲大多数国家之间，同时也是整个发展中国家之间的廉价劳动力成本的竞争中，中国会不停地削弱竞争对手的劳动力成本，直到低得不能再低、竞争对手出局为止。在这场游戏的最极端的形式中，所有的竞争都不复存在，赢家变成名副其实的垄断巨头，从而立马就能提高劳动力价格。目前，中国与其他亚洲国家的比较成本说明了一切：根据世界银行的世界发展指标的统计，2006年，雇员薪酬在总支出中所占的百分比斯里兰卡为28%，韩国为11%，菲律宾为31%，而中国只有5%。

如前所述，这种反反复复的针锋相对竞争的结果是，中国成了近乎拥有绝对优势的规模最大化者，与受李嘉图经典理论影响的运用比较优势的利润最大化者对比，差异明显。这实际上意味着，中国更在乎就业的中国人有多少（有关规模的主张），而较少关注能赚多少利润。就如之前说过很多次的，美国的困境不可以完全算在中国头上，其命运在一定程度上也属于自作自受。那么抛开理论,美国该做些什么呢？

► *How the West was Lost*

她需要迎合和讨好不断增加的竞争力弱和缺乏教育的人群，并需要确保创造就业机会。2009年–2010年，美国失业率徘徊在10%，当把准就业人口包括进去时，这个数字接近20%——创造就业机会是关键。

在一个并非所有玩家都遵守"这个"规则的世界，你必须以其人之道还治其人之身，这就是为什么许多纯粹的理论家失望透顶，而要求采取更多的保护主义的呼声在西方国家有增无减的原因所在。当为了生存而呼唤保护主义时，自由市场商人的角色就没有什么太大的意义了。

中国并没有一直按规划行事（也许并没有打算这么做——她为什么要这么做呢？这不符合她的利益）。布雷顿森林体系建立之后，美国资本市场的开放，为美国公司变得比美国政府更强大奠定了基础。这种控制权的转移，决定了美国的命运。

政府的目的是驾驭。政府要制定法律、打仗、签署条约（贸易和其他方面的），最重要的是维护公民利益，这些就是几个世纪以来西方政府所做的或好或坏的事情。但是随着布雷顿森林协议的通过，发生了其他一些未曾预料到的事情，美国权力缓慢而稳步地脱离了政府的控制，落入了公司的手中。随着美国全盛期的到来，其顶级公司的权力、影响力及金融实力也达到了巅峰。1955年，她的公司个个都是庞然大物了：通用汽车（1号）：98.2亿美金的收益；埃克森美孚（2号）：56.6亿美金的收益；以及美国钢铁（3号）：32.5亿美金的收益。①

但是和政府不同，公司一般不会维护人民的利益，他们维护的是他们的股东的利益。

---

① 1955年财富500强：http://money.cnn.com/magazines/fortune/fortune500_archive/full/1955/。

第七章 以中国为代表的东方顽强地崛起

当美国的决策者们决定开放其资本账户,从而允许资本在境外不受约束的运作的时候,就已经给美国埋下了巨大的隐患。现在,美国资本的境外投资所产生的任何回报将最终落入公司股东囊中,而且他们没有义务把钱用于国内投资以对美国进行改善,他们只是把钱放到境外安全的私人银行账户中。这就是全球化的美丽之处。

为了寻求更廉价的劳动力,跨国公司可以在数千里之外设立工厂,此举为"其他国家"而不是西方国家创造了就业机会。公司唯一感兴趣的是公司的盈利能力亦即股东的资本收益。甚至越来越多的公司从他们的母国搬离了出去。那些明智且无害的决策,已经演变成了如 Gavkal 研究中心针对 Platfrom[①] 的各家公司所说的,这些公司(主要是美国的)在西方设计和销售他们的理念,而所有吃力的工作(劳动密集型的制造业、造船业和建筑业等)已经外包给了"其他国家"。只要没有非法的知识产权转让,这一切就都可以进行。

美国需要确保广大的民众享受到消费的好处。在过去的几十年里,利益通常以股权回报的形式经由"平台公司"的利润返还给美国。劳动力和智力累积(也就是,理念/知识)的收益被输送到了世界其他地区,而西方资本累积的收益只有一小部分(股东的),并且没有被广泛地再分配。但这还没结束。更令人担忧的是,资本累积的收益跑到公司和富人手里,而这二者最有可能再出境。

再强调一遍,美国公司参与的资本有收益,并且有巨大的收益。但是,这些收益很少能属于美国国库。相比之下,想想新兴世界中到处都是的国有主权财富基金,它们积累了所有积极的资本收益,只要

---

① 加拿大第四大软件公司,总部位于加拿大多伦多市,译者注。

他们认为合适,就分配这些收益以使整个国家受益。在建的大型基础设施、学校和医院所用的资金都来自公共货币储备。

虽然并非不可能,但是对美国来说,要想把他们融入到政策中去的李嘉图理论的精灵重新装回魔瓶里,是相当困难的。该是采取行动的时候了。除非他们有所作为,否则中国将永远获胜,而美国将永远失败。

占卜板:预知未来

在冒险游戏中,玩家为了统治世界而争斗不已。通过控制敌人,玩家的目标是占领其他玩家的领土,从而最终消灭所有其他玩家。和现实一样,这真是一场危险的游戏,一场充满无限可能性的游戏。

从经济上说,世界呈现出像这样的面貌:美国和大多数西欧国家正逐渐耗尽资本,已经破坏了劳动力活力(老龄化的人口和下降的学术水平),并且他们曾在技术方面紧握的垄断地位不断松动。以中国为首的(但是绝不是靠自己)不断崛起的"其他国家",他们银行中拥有充裕的资金,拥有较好的劳动力前景,是推动技术领先的驱动力。

第三节 30年后的中国和美国

30年后的世界看起来会是怎样的呢?这里有四种可能的情景——所有的情景都是以中国和美国之间的经济轴线为中心的。

第七章 以中国为代表的东方顽强地崛起

情景1：现状

如果不出意外，并且增长和结构性的经济转变在当前的道路上继续进行，那么，毫无疑问，到21世纪末，美国以及欧洲将很可能沦为二线经济体。虽然这有些让人无法相信、难以明白和不可接受，但不管怎样，确确实实是如此。

许多经济预测支持了这一看似带有偏见的观点，如：高盛投资银行声称，到2050年，在现有的经济领导者中，只有美国会成为世界五大经济体（其他四者为中国、巴西、印度和俄罗斯）之一。

在过去的半个世纪里，由中国引领的"其他国家"，实施了若干深思熟虑的、系统的和高效的战略，他们强调储蓄高于消费、生产性投资，这和西方国家经常承担全球公共成本（例如国际海域巡逻和维安）形成鲜明的对比。当西方国家忙于输出意识形态、打跨国战争、压制共产主义和为其盟友撑腰（无论他们信仰如何），并向全世界提供财政和军事援助来巩固其势力范围时，"其他国家"却在养精蓄锐、储备防御力量、利用西方的经济规则，并使自己准备好以智取胜和成为世界经济王位的继承人。所有的信号都显示，这一切还将继续。

西方世界习惯了动荡和冲突。事实上，其政治制度、其经济动态以及其美好承诺都在此基础上蓬勃发展。二战后西方民主国家（尤其是美国）一直渴望动用所有的入侵类型——军事的、政治的、意识形态的，甚至是金融的——参与到世界之中。西方世界进行海上巡逻、资助战争，坚持认为其政治、社会和经济方面的生活方式是放之四海而皆准的模式。我们愿意用美国总统肯尼迪的一句名言——"不惜任

> How the West was Lost

何代价,承担所有负担,应付任何艰难"——来理解其在世界舞台上显而易见的重要性。

军事战争、意识形态战争、宗教战争、冷战——这些我们都已经见识过了。但是还有一种战争和其他形式的战争一样长久,它要求集结计划、策略、诱骗、条约、盟友、朋友和敌人,但是西方不愿意(或者是根本无法)承认其意义——从今天的制高点来看,其长期的输家是西方国家,而赢家是"其他国家"。当然,西方人可能会认为这并不一定是什么坏事情,因为世界上更多的人的境况得以改善。

如果没有一个戏剧性的复位,那么,经济战争看来已经结束了,并且似乎产生了胜利者和被征服者。从目前看,赢家赢得的似乎还只是一场战斗,而不是整个战争。像过去的大将军在最为凄凉的时候重整旗鼓一样,西方世界也可以选择东山再起,但如果没有大张旗鼓的实质行动,那么这场竞争可能永远地宣告结束了。

情景2:中国步履蹒跚

2010年,美国仍然是世界上最大的经济体,最具创新精神,最具技术活力。虽然中国给美国的经济运转提供了大量的资金,但有个问题是,中国的这种惊人的经济表现能持续多久?它已经持续了三十年,会持续更久吗?

有很多评论家认为中国获胜的一面被夸大了,其取得经济优势的路径并没有长期的保证。在《外交事务》的一篇文章中,约瑟夫·约菲(Jozef Joffe)嘲笑最近一波认为美国衰退的文章,他认为美国仍然处于顶端,而且不只是在经济方面,更重要的是她"使一个国家不仅富有,而且民主和自由"。

在《外交政策》杂志中（Foreign Policy），裴敏欣驳斥了美国衰退、一个新亚洲时代到来的观点，他宣称，中国、印度和该地区的其他国家要接管世界还需要数十年的时间。他公正地指出，虽然亚洲创造了大约 30% 的全球经济产出，但由于人口众多，其人均 GDP 只有 5,800 美金，而美国的人均 GDP 达到 48,000 美金；此外，即使按照目前的增长速度，亚洲整体也需要花上 77 年的时间才能达到美国人的平均收入水平，中国需要 47 年，而印度需要 123 年。

理解中国

的确，中国开始在很多方面模仿西方世界，但这对中国而言并不一定有利。例如，中国正在建造一个汽车的社会，而联合国预测中国将有 50% 的人口生活在城市中，因此发展公共交通策略更适合。中国正在寻求建立一个养老基金制度引发的讨论，也映射出了西方繁重的福利计划令国家不堪重负，对此，中国应当注意不要重蹈西方的覆辙。

对中国来说，真正的挑战似乎较少在于经济领域（似乎很大程度上已经获得了这种权利），而更多是在于政府如何逐渐成为国家经济方向的管理者。中国政府能够维持其中央集权式的指令性经济吗？或者当它发展壮大、日益复杂时，它会像成功的大企业一样，逐渐下放职责权限给她的下属部门吗？在当前的状态下，它的股东就是党员，它的管理层是其中央政治局及其执行委员会，中国的决策者们一年碰一次面，来讨论和制定国家的大政方针。

随着时间的推移，指令性经济方式已经证明了它的价值，尤其是在实行集中激励方案——某些成功的公司非常擅长——时解决资源不当配置的内在能力。当然，苏联的经验也已经证明，在一个过于僵化的中央集权的政治体制中存在着爆裂的内在危险。

根据高盛公司 2010 年对"金砖四国"的长期预测，只要 17 年时间中国就能够成为世界上最大的经济体（即 2027 年）。为了突出中国的崛起，大约八年前首次提出了"金砖四国"这个概念，高盛公司认为中国（以美元计算）GDP 的增长相当于印度 GDP 增长的 3 倍、意大利的 2 倍、法国或英国的 1 倍多。分析了这些数字之后，高盛公司的经济学家指出，中国的 GDP 自 2000 年开始增长了差不多 4 万亿美金。事实上，中国已经又创造了另外一个 7 倍于印度的 GDP 增长（按照 2001 年的规模）、是意大利的 3 倍、法国的 2 倍多，甚至接近美国当时的规模的三分之一。与此同时，"金砖四国"的 GDP 总量从十年前的 2.5 万亿美金，增长了 6 万多亿美金从而达到了近 9 万亿美金。相比之下，美国在同一时期只增加了 4.5 万亿美金。

2010 年，中国超过日本成为世界第二大经济体。据高盛公司估计，为了获得最高的排名，也就是到 2027 年取得世界最大经济体的地位（GDP 大约 21 万亿美金），按照美元计算，中国需要每年增长大约 10%。然而，即使有了这些惊人的增长率和预测，中国仍然有很长的路要走。这就像一个亿万富翁与百万富翁之间的差别，对于一个亿万富翁（类似美国）来说，他只需要保持他的资本财富；而对于一个百万富翁（新兴的"其他国家"）来说，他还需要使资本快速增长以使其达到更高的资本水平。当然，老生常谈的问题是，这样的增长能同时带来就业机会吗？如果能的话，是在什么样的部门呢——公共部门还是私人部门？是长期的还是暂时的？无论是哪种情况，中国都有可能使这种增长速度成为现实。中国已经越发游刃于实现可持续的李嘉图式增长[①]了吗？与之相关的，中国能在较长的时期内实现更多的熊彼特式增长吗？这一以奥地利经济学家约瑟夫·熊彼特的名字命名的经济增长方式，又被称为"创造性破坏"，这种经济增长方式取决于创新以及可支撑长期经济增长的企业家力量的崛起。关于中国以及事实上许多其他新兴经济暴发户，是否能够实现这种增长方式，现在还言之过早。

无论长远前景如何，中国都能奇迹般地使这种增长成为现实。如果你认可那些增长预测，并且直面美国严峻的财政状况的现实，就很难不对中国和"其他国家"的前景表示乐观。除非发生不测，否则中国必将获胜。这可能需要十年时间，也许是二十年，但获胜是必然的。如果西方国家不清除一些真正的阻力，并转而关注其长期战略的关键因素，那么中国的获胜只会更早。

情景3：美国回击

面对新兴国家的崛起，美国其次是欧洲，可能会回击。与其坐以待毙任由这一切发生，倒不如发动反击。这需要最彻底的应对解决方案，需要最积极的政治意愿。因为，通过推动全球合作和友好谈判以实现公平竞赛，进而对政策边缘小修小补，这对美国来说并没有多大用处。

很明显，美国目前正专注于在当前全球框架背景下，解决经济问题，并继续保持对全球经济大范围的开放。

在过去的两年中，奥巴马政府已经作出了给予关键领域大量投资和政策支持的承诺。"科技法案"预留了美国GDP的3%用于教育支出，

---

① 所谓李嘉图式增长，即是前文所说的比较优势增长。译者注。

同时，2009年的美国"复苏与再投资法案"给交通和基础设施建设分配了450多亿美元，是用于此项建设的联邦预算的两倍。2010年，英国石油公司墨西哥海湾石油泄漏事件之后，总统奥巴马在卡耐基梅隆大学的演讲中，勾勒了新政策，旨在鼓励投资以帮助美国从化石燃料能源的依赖中摆脱出来，转向替代能源如天然（页岩）气、清洁能源甚至核能。

虽然这在理论上值得称许，但是这一旨在治愈美国经济弊病的战略带来的问题是双重的。

第一，鉴于美国存在的问题的规模和深度，这一勾勒出来的战略，迄今看来还是过于狭隘。为了实现政策转变，方法要大胆，也要更积极。这就需要对美国作为全球公共产品（如海道治安、国际安全等）包销人的角色定位，进行仔细的考量和严肃的评估。

第二，在继续保持经济开放的情况下，那些旨在解决美国经济弊病的计划能否凑效，取决于世界其他国家能否参与公平竞赛。最近一次围绕全球竞争贬值的口水仗表明，经济政策的公平性问题（如货币操控）仍没有引起美国决策者的足够重视。

保持开放将带来风险。首先，这有可能使美国的生活水平进一步恶化，因为美国的劳动力价格仍然较为昂贵，加上非熟练工人数量的逐渐增加，从而使得美国劳动力缺乏全球竞争力。

其次，通过扩大福利应对美国结构性失业的增长，会带来更大的不良影响，因为这意味着将近45%的美国人将不再缴纳联邦赋税，但自1980年以来，美国公共部门的平均补偿已经高出私营部门。

最后，美国将继续面临日益扩大的收入不平等。因为，如果继续保持开放，那么，在全球有优势领域（如技术和研发领域）培训过的有竞争力的劳动力，和人口众多的非熟练工人之间的收入差距，将必然继续扩大。

决策应当是激烈的、创新的、彻底的。然而，考虑到美国背景的政治架构，要制定出那样的政策是个令人难以置信的挑战。拿美国与中国的关系来说，很多不同的派系和持有相反观点的利益集团各执一词，互不相让。2009年11月，在芬梅卡尼卡第五届管理大会上，美国战略与国际研究中心总裁兼首席执行官约翰·哈姆雷先生（John Hamre）指出，粗步估计美国大概有5个不同派系关注着中国。

首先是劳动民主党人，这些民主党人接近于蓝领工人，他们大多是从极负面的角度看待中国的，他们认为中国人通过不公平的货币操纵及削弱了西方工人的中国血汗工厂，夺取了美国的就业机会；第二就是高新技术民主党人——或者叫硅谷民主党人，他们学历高、彬彬有礼并且是世界主义者，这些人大部分为中国文化而倾倒。他们是从全球的角度来看待这个世界的，认为中国令人兴奋并且充满了挑战；第三就是宗教共和党人——（也适用于某些进步的民主党人），他们多半都是从侵犯人权的角度来看待中国的，认为中国很黑暗；第四是国防共和党人，这些共和党人把中国看作是另一个苏联，因此需要做好准备和他们战斗；最后就是大企业共和党人，这些共和党人把中国看作是降低生产成本的绝佳场所和潜在的巨大的市场，他们不想错过中国提供的这个巨大的机会。

这五个派系关注问题的出发点不同，重新结盟或分道扬镳。他们在中国人民币的定价问题上分歧很大，但在欧洲想要去除中国出口管制制裁的问题上，五个派系却一致地强烈反对，虽然各自动机不尽相同。这就是为什么在需要制定一个坚定的一贯的政策的时候，美国对中国的态度摇摆不定的原因所在。对华政策仅仅反映了美国每个政治派系在国内政治舞台上的相对实力，而这归根结底对国家不利。

理智地生活

先不管对手什么政治阴谋，美国首先需要进行彻底改革。在资本方面，美国需要开始量入为出地生活，这意味着要在政府和家庭层面减少债务融资的消费；在劳动力方面，需要对人力进行一次再投资——高质量的劳动力塑造了美国，有技能的劳动力会使它重拾雄风；在技术方面，美国需要为新技术投入巨资并要严肃对待版权保护。所有这些都需要钱——而且是美国拿不出的钱。当然，这不只是关于钱的问题，这也涉及到高质量的决策——财政、工业、监管——共同减少不确定性、酝酿信心并鼓励投资。

美国破产了吗？美国将要资源耗尽、精疲力尽、一无所有、走投无路、一贫如洗、孤立无援、资金短缺或者无法还清债权人的债务了吗？这些是波士顿大学教授劳伦斯·科特利科夫（Laurence Kotlikoff）提出的问题。答案是发人深省的。他总结道，美国即将破产，虽然保持对外资开放会有助于延缓破产，但是美国财政机构的彻底改革对于确保国家的经济前景至关重要。

美国的债务在2007年占GDP的47%，但是金融危机后预计会更高——大幅度提高。国际货币基金组织（IMF）预计，到2019年，美国债务占GDP的比率会接近100%。

美国"能"

2008年金融危机之后的日子，政策讨论已经集中到显而易见的教训上了，比如对亲力亲为的政府部门进行更大力度的监管。还有些教训可能不太明显，即要求美国更多地关注生产性投资（相对于杠杆投机），并实施真正的、谨慎的、足以消除迄今为止发生在资本、劳动力和技术方面的损害与不当配置的政策。这需要悟性，需要远见，需要"持久作战"——美国拥有这种气概吗？

情景4：美国的核选择

非常时期需用非常手段。

当然，美国的回击中存在着一种更为激进的方式——尤其是当它梳理财政问题的时候，只是这一选择在很大程度上与美国的开放天性相违背——实行最大程度的闭关自守和保护主义，直到美国恢复其经济秩序，并且经济增长速度持续走高。

虽然有关美国贸易保护主义的提案往往遭到主流决策者的不屑，但过去三十年的迹象表明，美国并没有从全球化过程中得到多少好处。

虽然发达国家和发展中国家之间的收入不平等已经得以改善，但是美国国内的收入不平等却加剧了。根据芝加哥大学的一项研究，随着美国的全球性开放，在过去的三十年中，美国1%最富有的人收入增加了三倍，而10%最贫困的人收入仅仅增加了微不足道的10%。

更有甚者，在这一时期中，美国人生活水平的改善（通过人均收入来衡量）是微小的。在1980到2001年期间，美国保持着较大程度的开放，其平均GDP增长是2.1%；这比美国在1950到1980年期间的增长水平并不强，而此时的美国在很大程度上是闭关自守的。

至少这类数据告诉我们，进一步审视采取更多的贸易保护主义政策，可能是有好处、必要的。

关于美国人（西方主要经济体也有着相似的结果）为何没有能够从更大程度的全球化中获得好处，有一些解释如：过去几十年的经济收益不成比例地累积在资本持有人手中而非劳动提供者手中；在能获得明显收益的全球化过程中，美国家庭在国内住房上的投资过度（至少是家庭财富的 30%），以致在其他方面的投资相对不足。①

在考虑选择哪一个方向——是继续保持开放，还是在全球经济中选择封闭——的时候，决策者需要有长远（20 年）的目光，因为如今影响世界最发达国家的紧迫问题，本质上是长期的和结构性的大问题。当然，在目前的经济情况下，短期的、战术上的考虑同样重要。但是，不幸的是，西方国家政治法则的短视仍然会给长远考虑带来不利影响。

这正是为什么迫切需要将经济思想从短期的政治权宜中摆脱出来的原因所在，毕竟"未来不属于懦夫，未来属于勇者……"。

对美国来说，与保护主义相对的就是拖欠债务。② 美国政府公然的拖欠并不意味着随意地放弃责任。拖欠听起来像是一个灾难性的选择——股票市场会崩溃、债务成本会激增、美元会突然成为垄断货币，而且毫无疑问将会引起国际社会一片哗然。在 2009 年 11 月，衍生品市场已经确认美国政府会不断增加拖欠的债券的数量。根据存管信托及结算公司（Depository Trust and Clearing Corporation）的统计，美国

---

① 房地产市场的投资过度是由以下三种情况共同作用引起的：致使美国政府推高资产类别的"自置居所"政策（如房利美和房地美的分立等）；人为的和历史的低利率环境，催生买方市场最终导致资产价格泡沫的婴儿潮。

② 拖欠的一种说法称为选择性拖欠，即对国际上所有持有美国国债的国家进行拖欠，并为美国国内所有人提供新发行的 100 美分的国债（以及美国护照）。这可能会导致美元贬值，但如果美国成为一个封闭的经济世界，将完全不需要为此担心。为了应对封闭经济世界中的通货膨胀，政府只需发行与通胀挂钩的债券即可。

信用违约掉期量——衡量债券违约保险成本的衍生产品——在2008年达到80亿美金,在2009年达到100亿美金。拖欠真的对美国不好吗?

西方国家违约有过先例(有2008年的冰岛以及英国,实际上,在1976年英国被迫向国际货币基金组织请求救市贷款),但肯定没有如此巨大的规模——毕竟,这是美国,是世界经济领导者。这并不是说美国应该拖欠,也不能成为拖欠理由。对美国来说,这种吸引力在于把过去一笔勾销,从而让政府重新制订财务报表。正如英国在1976年的情况,这种拖欠行为给急需的国内政策议程的检修提供了一个机会——尤其是杠杆文化及重铸自置居所,并推动了劳动力和技术方面更大的投资。

美国目前的财政状况毫无疑问给了决策者这样一个印象:借款人(美国)双手被贷款人(中国)捆绑,并不断受后者谴责。但是,他们各自低估了自己的实力和美中作为借款人和贷款人之间存在的共生关系的强度。

中美联合体中的谋杀—自杀

拖欠是中国最担心的情景。根据渣打银行(Standard Chartered)的计算,中国2万亿美金的外汇储备中,多达82%是美元,这使得中国成为美国国库券最大的买家之一,在某些情况下,一个月可以买100亿美金;而中国从美国获得的利息收益(根据美国对外关系委员会的布拉德·塞斯特所说),大约为一年500亿美金。美国半数国债市场为外国投资者所有。

虽然说如果外国投资者要撤离美国市场的话,美国经济自身确实将遭受巨大的损失(例如,长期利率会大幅上升,这会增加按揭贷款和公司债券市场的成本，给美国经济造成损害），但美国一时的拖欠行为可以被视为对经济有必要的、临时的重组。

美国不会是唯一的输家。记住，不只是中国会失去其持有的所有美国债务的价值，更重要的是，美国这种违约的行为会一下子危及到中国自身的发展策略，因为中国想要让美国（政府及公民个人）借款来购买中国的产品从而保证他们的人口就业。也许是预料到了这种情况，在过去的几年里，中国一直在鼓励更大的国内需求（中国的国内需求增长预计将达到15%，印度和巴西将达到10%），并向其他（美国以外）国际买家推销产品。

当然，美国的信誉将会遭受打击，但会持续多久呢？最乐观的估计是，金融市场会愿意在六个月内再次贷款给他们，毕竟，在1998年内部债务拖欠之后仅仅三年，国际债务市场便再次接受来自俄罗斯的新债发行——莫斯科市在2001年11月发行了价值4亿欧元（约为6亿美金）的债券。

如果不实施拖欠策略，很多人担心美国仍旧受债务和信赖的束缚，从而很难从其中摆脱出来。当然，它可以像现在一样让她的债务膨胀（一种通过隐性的通货膨胀来拖欠的方式，这至少会削弱债务的价值），但是采取这种柔和的方式将最终导致同样的后果。

美国的边缘政策

如果竞赛环境不公平，并且外交努力亦宣告失败，那么美国就不得不予以反击——以眼还眼以牙还牙，并选择使用不同的策略。

在一场战略游戏中，最精明的选手将扮演前锋角色，并决定谁将在最糟糕的境况下——即合作彻底破裂的情况下，保持最好/最强的位置。在这种情况下，拥有最好的牌的选手将占尽上风，并最有可能确保其他玩家与其合作共事。

就像在国际政治、外交政策、劳资关系、军事战略甚至扑克游戏中一样，边缘政策是一种把危险境地推向灾难边缘从而获得最优结果的实践。从这个角度看，万一面临经济核选择，美国将把持达成谈判协议的最佳选择方案（BATNA）。

考虑一下美国采取什么方式的经济边缘政策适合。除去全面战争的爆发，最糟糕的情况就是通过采取最彻底的贸易保护主义政策，让工业世界的重点经济区退回到他们各自的角落。如此一来，将会产生大约三个经济权力集团。

首先是美国经济圈（美国和加拿大）。不仅因为此地拥有5亿人口（基于现有的人口数量），还因为拥有基于人均收入来衡量的最高购买力，是这一地区成为经济圈的有力理由。北美很容易实现自给自足，如果在贸易和移民方面遭遇巨大的阻碍，她仍然能养活她的人口，在能源方面自给自足（北美已经成为页岩气开发和生产的领头羊，并且美国正逐步成为天然气的越发重要的来源地），并且她的地理优势意味着无论如何她也难以被入侵。

其次是欧洲。从一个冷酷的经济视角看，它的前景似乎并不是特别乐观。该地区将继续面临结构性衰退，尽管得到了旨在实现社会凝聚力的政策的支撑，但还是出现了严重的财政忧虑（正如我们所看到的葡萄牙、爱尔兰、希腊和西班牙——简称PIGS——的状况，即他们的经济表现和前景）。总体说来，欧洲缺少资本维护、缺乏劳动力和技术创新，这在实践层面使得其获得长期经济统治地位的机会变渺茫。

最后是中国。的确，中国拥有着庞大的人口，并且预计到2017

年将可能成为世界最大的经济体，但是在此之前，她仍有很长的一段路要走。13亿的中国人只拥有世界7%的耕地面积，虽然经济性自然资源丰富的非洲和拉丁美洲给中国提供了一定的缓冲，但是中—非和中国—拉美关系的性质却充满不确定性，而这种不确定性是美国经济圈不会遭遇的。

谁将处于优势，谁又将处于劣势？保护主义的边缘政策对谁更有害？当然不是美国。在这场扑克游戏中，美国手中仍然有牌，并处于上风，而且没有人能够猜中有哪些牌。

如果这一切真的发生，美国的政治家们可以成功地实现闭关自守但经济腾飞的业绩。中国却不能。她的领导层将如何向数以亿计的中国人（13亿人中大约只有3亿人生活在西方平均经济水平以上）解释他们经济成功几率的大幅下降？

符合美国的利益的做法会阻碍中国的发展吗？毕竟这是美国坦率地拖欠债务最有可能造成的结果——至少是在拖欠后的一段时期内。全球第一的并且仍不断增长的人口和生活水平全面的、严重的下降，是中国的头等大问题经济发展规划的困境甚至中断，逐渐变成次要矛盾。

在2010年5月金融时报/哈里斯的一次调查中，在回答"如果你们的政府将在下一个十年'拖欠'，即无法偿还其在金融市场上所借的钱，你觉得这是否可能？"这一问题时,有将近50%的人选择了"可能"。

结论

人类历史未曾有哪个 50 年像过去的 50 年那样平静，这段时间里没有发生过大到足以损伤工厂、财产和民众的冲突，和平带来的最大的回报就是世界积聚财富能力的增长，总的来说，今天的世界比以往任何时候都要富有。

财富需要被引导和储存在某个地方，因此便有了在过去十年中，对金融产品和各种形式的资产近乎贪得无厌的需求。中国和新兴世界中许多国家惊人地加入全球繁荣不可阻挡的崛起潮流中。随着时间的推移，全球经济中密集型产业更少，囤积的库存水平更低了。过去被用来投入在工厂、设备和存货上的钱，现在大多被用来购买金融产品，因为新兴的"其他国家"的高储蓄率带来了巨额资本。

西方的生存蓝图又是怎样的呢？在实际解决方案得以实施之前，西方世界必须改变心态，它再也不能简单地把后来者看作是危险的入侵者。而是通过与新兴经济体建立更紧密的关系，废除（而不是重新设置）贸易壁垒，改革税收制度以鼓励储蓄而非盲目消费，并且，尤其是要重视经济增长的三个基本要素（资本、劳动力和技术），如此一来，西方国家才有可能在竞争中稳定地恢复。

资本、劳动力和技术不当配置的问题，并不是政治法则（缩短政治任期和下放权力）引发和助长的，一些政治法则只是阻碍了美国以及大多数西方国家的决策者实施能把工业化经济拉回到正确发展道路上来的改革政策。归根结底，像中国那样的由国家主导的经济在全球竞争中往往更胜一筹。

许多问题持续存在。西方人还会或多或少保持目前的生活水准吗？他们会嫉妒"其他国家"取得的经济成功吗？谁将发现冷聚变或者下一个"杀手级应用程序"（"killer app"）——某种特别的东西或者提醒你去购买一件产品？未来的工作机会将在哪里出现呢，在哪些经济部门呢，是临时职位还是永久职位呢，在公共部门还是在私人部门呢？机器人和机器人技术早已渗透到了劳动力中，日本的劳动力中已经包括了超过25万的机器人。甚至在美国的克利夫兰诊所（Cleveland Clinic），机器人一天行走1,100英里，走5,000趟，搬拿床单、手术器械、病人的食物、必需品、甚至垃圾，成本仅是人类工资的一小部分。正如西方政客们如今倾向于宣称的那样，将发达国家的未来定位于数字、低碳和药品创新中，那么这些国家能提供的就业机会肯定会变少。

当然，还有更多尚未提及的政治方面的疑问，比如全世界的公民希望视谁为世界大国？如果在经济方面采取更加封闭的立场，系统性地减少与"其他国家"的经济与金融联系，西方世界会变得更好一点吗？虽然各方不应该有选择地使用公平贸易规则，但是西方世界很显然从与"其他国家"的贸易中获得了收益，并且在一段时期内，较富裕的西方世界将仍然对"其他国家"具有吸引力。

新兴国家不只是廉价商品的来源地，其中正迅速工业化的国家还承诺，他们经济发展、减少贫困和技术进步的目标都会实现。他们宣称已经实现了迅速的跨越式发展并将发展，得更加迅速和顺利。

但是在此目标能够有效地实现之前，西方世界，尤其是美国，必须实施最好的政策，停止播撒自我毁灭的种子。虽然这样还不足以扭转局面，但肯定很有必要。不断变化的贸易格局、世界最先进经济体的金融不稳定，以及利于指向新兴世界经济的机遇，构成了我们今天的世界，并将继续以最引人注目的方式来塑造我们所生活的世界。

本书是有关经济的。虽然经济也是某种战争，一国也会试图主宰另一国，但是这绝不只是为了钱。其他因素如政治、社会，甚至是自然因素，共同塑造了我们的世界。这种变化令人不安，不可预知。但有时候有些事物是清晰的，那就是——如果你愿意这样理解的话——呼吸空气的感觉。

有人猜想，当美国人的祖先走下"五月花号"呼吸到空气的时候，他们知道，在他们心中一项伟大的冒险正在酝酿，这就是伟大事业的前奏。虽然没有人可以预知，在21世纪的第二个十年的开端用大致相同的方式开创新事业，结果将会是什么样子，但是我们都知道世界正处在全球巨变的风口浪尖，而另外一个国家站在了伟业的顶端。虽然尘埃落定之后，我们的规划只具雏型，但还有一点可以确定：不确定性和动荡就在我们面前。

引用约翰·亚当（John Adam）在1987年世界著名歌剧《尼克松在中国》中的话说，"我们生活在一个动荡的时代。谁是我们的敌人？谁又是我们的朋友？"好在历史教导过我们，虽然争斗、战争和灾难时有发生，但世界终会幸免于难，会在挫折中缓慢前行。让我们像上个世纪一下，心怀梦想，并让梦想成真吧！

致谢

书不是一个人能独自完成的工程，它需要代理商、研究者、出版商、编辑和朋友们敬业的、细致的和坚韧的工作。我很幸运地能跟这样一些了不起的人一起，让这项工程从一个新生儿般的构思，变为现在的付梓出版。

非常感谢在 PFD 的团队，尤其是坚忍不拔的 Caroline Michel 和 Tim Binding，没有他们，这本书将不可能完成。

Charles Frentz 以最良好的组织方式，并且在最短的时间内提供了周到细致的研究，使我的生活轻松了许多。

大西洋两岸的出版商更是让人惊叹：Will Goodlad，Richard Duguid 和伦敦企鹅出版社的同仁们，关怀备至还提供意见、支持和和职责外的援助；在纽约，Farrar 的乡亲，Straus 和 Giroux 从《致命援助》一直参与到《西方迷失之路》，从头到尾全力支持。感谢 Chinski 和 Sarita Varma，感谢他们精湛的出版技术，感谢他们成为我的朋友。

在这个过程中，我在与 Wylie Agency 的共事中收获颇丰，Andrew Wylie 和 James Pullen 也为此进行付出大量辛苦工作，我期待将来能够与他们再次合作。

Geordie Young 对这本书不可或缺，堪称本书第二作者。虽然所有的观点都是我自己的，但是如果没 Geordie 的意见、见解和热爱，这本书将仍然只停留在简单的想法阶段。Chris Rokos 给予了许多严肃——幸好不那么严厉——的评论，这在很大程度上提升了这本书。感谢他们多次帮我纠正错误。当然，本书中所有的错误和不足都应由我个人承担。

每个人都会有最好的朋友，对我来说，她就是 Iris Chiseche Mwanza。她一如既往的在诸多角色——导师、顾问、拉拉队长以及告诫者——中践行着"朋友"的内涵，同时还有着令人羡慕的沉着。另外，感谢你，Nomsy。

最后，感谢我的父母和家人，他们的宽容度难以想象，他们对"一切皆有可能"的信仰无与伦比——正是这些，给了我无穷的动力。

参考书目

1. 阿比银行：125%：http：//www.thisislondon.co.uk/news/article-23412907-abbey-branded-unwise-as-it-launches-a-125-mortgage.do。

2. 哈姆扎·阿拉维：《资本主义和殖民生产》，伦敦 Croom Helm 出版社 1982 年，第 62-63 页。

3. 老年痴呆症协会：http：//www.alz.org。

4. 美国土木工程师学会：《年度基础设施报告》：http：//pubs.asce.org/magazines/ascenews/2009/Issue_02-09/article1.htm。

5. 不对称威胁应急联盟（ATCA）：《印度是个穷国吗？黑钱、世界援助以及未来打击避税天堂的主要力量》，2009 年。

6. 国际清算银行：《衍生产品统计数字》http：//www.bis.org/statistics/derstats.htm。

7. 迈克尔·布隆伯格、查尔斯·舒默和麦肯锡公司：《保持纽约和美国的全球金融服务领导权》，纽约城市经济发展公司，2007 年 1 月。

8. 麦克尔·D·博尔多：《有没有一个很好的说明新布雷顿森林国际货币体系的例子？》，见《美国经济评论》，85（1995），2,317 页—22：http：//links.jstor.org/sici?sici=00028282%28199505%2985%3A2%3C317%3AITAGCF%3E2.0.CO%3B2-A。

9. 约翰·布雷思韦特和彼得·达沃豪斯：《布雷顿森林体系：诞生与崩溃》，全球政策论坛，2001 年 4 月：http：//www.globalpolicy.org/

socecon/bwi-wto/2001/braithwa.htm。

10. 伊恩·布雷默：《国家资本主义时代的到来：自由市场的终结？》，见《外交事务》，外交关系委员会，2009年5月/6月。

11. 伊恩·布雷默：《J型曲线：了解国家兴衰的新途径》，西蒙&舒斯特出版公司，平装修订版，2007。

12. 英国北美委员会：《公共部门的养老金需要透明度》，2009年6月：http://www.bnac.org/files/BNAC%20Public%20sector%20pensions%20BN49%20-%208%20June%2009.pdf]。

13. L·G·科恩：《2030年石油天然气行业资本需求预测》，普氏分析。

14. 罗伯特·康普顿：《两百万分钟》，纪录片：http://www.2mminutes.com/.

15. 会议委员会：《他们真的准备好去工作了吗？——用人单位对21世纪美国新晋劳动力的基本知识与应用技能的展望》，2006年。

16. 会议委员会：《2009年业绩：世界经济的生产率、就业率和增长率》，2009年1月22日。

17. 赛宾·大马士革：《布雷顿森林体系：历史的教训》：http://www.ww.uni-magdeburg.de/fwwdeka/student/arbeiten/006.pdf

18. 经济学人杂志：《去工业化是明智的》，见《经济学人》，1997年4月26日。

19. 经济学人杂志：《缓慢燃烧的保险丝：关于人口老龄化的特别报告》，2009年6月27日。

20. 经济学人杂志：《中国与美元：人民币的一小步》，见《经济学人》印刷版，2009年7月9日。

21. 克里斯·爱德华兹：《公共部门的工会组织和不断上升的薪酬成本》，卡托杂志，第 30 期，2010 年冬季卷。

22. 欧亚集团：http：//www.eurasiagroup.net/media-conter;http：//www.eurasiagroup.net/。

23. 摩根大通公司：《主权财富基金：一本自下而上的入门书》，2008 年 5 月 22 日。

24. 金融时报：金融时报全球 500 强（2008）。

25. 芬梅卡尼卡第五届管理大会：《新思维》，2009 年 11 月 30 日。

26. 联合国粮食和组织（FAO）统计司，罗马。

27. 福布斯：《世界上最危险的国家》，2009 年 3 月 4 日。

28. 托马斯·L·弗里德曼：《世界是平的：一个二十一世纪简史》，第一版，Farrar，Straus and Giroux 出版社，2005。

29. 弗朗西斯·福山：《历史的终结和最后的人》，自由出版公司，1992。

30. 高盛投资公司：《与"金砖四国"一起梦想：通往 2050 年的道路》，2003 年 10 月。

31. 高盛投资公司：《金砖四国与全球市场：原油、汽车和资本》，全球经济第 118 号文件，2004 年 9 月。

32. 高盛投资公司：《世界与金砖四国的梦想》，高盛集团，2006。

33. 高盛投资公司：《移民和北美经济》，全球经济第 168 号文件，2008 年 5 月 27 日。

34. 高盛投资公司：《小代价：为非洲的基础设施草案融资》，全球经济第 174. 号文件，2008 年 10 月 14 日。

35. 西沃恩·高缦：《美国电网受到间谍渗透》，见《华尔街日报》，

2009 年 4 月 8 日：http：//online.wsj.com/article/SB123914805204099085.html。

36. 瑞典政府：《全球挑战——我们的责任：瑞士全球发展政策交流》，政府机关：瑞士政府办公室，2008 年。

37. 卫报：《让工程师再造伟大英国》，2009 年 2 月 8 日。

38. 卫报：http：//www.guardian.co.uk/football/2009/jun/11/cristiano-ronaldo-manchester-united-real-madrid1。

39. 卫报：《专家警告说派发达菲弊大于利》，2009 年 8 月 16 日。

40. 哈克特：《布雷顿森林》，加拿大国际事务研究所，(英国政治和经济科学图书馆收集)，1945 年。

41. 大卫·哈勃斯塔姆：《五十年代》，巴兰坦图书公司，1993。

42. 苏珊·霍克菲尔德：《移民科学家创造了就业机会并赢得诺贝尔奖》，见《华尔街日报》，2009 年 10 月 20 日：http：//online.wsj.com/article/SB10001424052748704322004574477700761571592.html。

43. 萨缪尔·亨廷顿：《为何国际主导权如此重要》，见《国际安全》，卷 17，4 号（1993 年春），麻省理工学院出版社，第 68-83 页。

44. 国际能源机构：http：//www.iea.org/weo/2006.asp。

45. 国际货币基金组织：《增长预测》。

46. 国际货币基金组织：《国际金融统计数字》，多个议题。

47. 约瑟夫·约菲：《默认的权力：美国衰落的错误预言》，见《外交事务》，外交关系理事会，2009 年 9-10 月。

48. 韦恩·C·约翰逊：《业务需求增长时，工程学研究兴趣下降》，惠普公司，2008 年。

49. 彰金屋、何瑞堂：《20 世纪 90 年代的日本银行危机：成因与教训》，国际货币基金组织文件，2000年1月。

50. 罗伯特·卡普兰：《即将出现的无政府状态：资源贫乏、犯罪、人口过剩、部落制度和疾病是如何迅速摧毁我们星球的社会结构的》，见《大西洋月刊》，1994年。

51. 阿图尔·科利：《国家引导的发展：全球周边的政治权力和工业化》，剑桥大学出版社，2004年。

52. 劳伦斯·克里寇夫：《美国破产了吗？》，圣路易斯联邦储备银行回顾，2006年7—8月。

53. 保罗·克鲁格曼：《奖励坏人》，见《纽约时报》专栏，2009年8月2日

54. 雷恩、克拉克、皮考克：《2009年养老金会计报告》。

55. 史蒂文·莱维特和史蒂芬·都伯纳：《魔鬼经济学：一个游手好闲的经济学家对万物不为人知的一面的探讨》，企鹅出版社，2005年。

56. 威廉姆·莱维斯：《生产力的力量：财富、贫困及全球稳定》，芝加哥大学出版社，2004年。

57. 麦肯锡全球研究院：《美国教育差距对经济的影响》，2009年4月：http://www.mckinsey.com/app_media/images/page_images/offices/socialsector/pdf.achievement_gap_report.pdf。

58. 安格斯·麦迪森：http://www.ggdc.net/Maddison/content.shtml。

59. 卡尔·马克思：《资本论》，卷1，第四章，1867年。

60. 艾伦·米尔沃德：《战争、经济与社会，1939—1945》，伯克利：加州大学出版社，1979年。

61. 丹贝瑟·摩耶：*Holding Housing's Head Above Water*，2010年11月27日：http://online.barrons.com/article/SB50001424529702036765

04575618580846900178.html？ mod=BOL_twm_col。

62. 迈克尔·迈雷亚：《没有掌舵的领导人，美国将在网络空间战中失败》，见《外交政策》，2009年8月5日：http：//www.foreignpolicyjournal.com/2009/08/05/the-us-will-lose-its-battle-in-cyberspace-without-a-leader-at-the-helm/。

63. 全国教育统计中心：《国际学生评估计划（PISA）得分》：http：//nces.ed.gov/surveys/pisa/。

64. 国家情报委员会：《全球趋势2025：一个转型的世界》，2008年11月NIC2008—003。

65. 国家科学委员会：《2004科学与工程学指标报告》：http：//www.nsf.gov/statistics/seind04/。

66. 国家科学基金会：《2007年美国企业研发支出增加；小型公司占全国企业研发的19%》，2009年7月：http：//www.nsf.gov/statistics/infbrief/nsf09316/。

67. 裴敏欣：《都是欺骗！不要相信亚洲炒作》，见《外交政策杂志》，2009年7-8月。

68. 兰特·普里切特：《让他们的人来吧：打破全球劳动力流动的僵局》，全球发展中心，2006年9月15日。

69. 吉迪恩·拉赫曼：《美国正在失去"自由世界"》，见《金融时报》，2010年1月5日。

卡门·M·莱因哈特、肯尼斯·S·罗格夫：《债务时代的成长——为2010年1月的〈美国经济评论文件和记录〉所作》：http：//www.aeaweb.org/aea/conference/program/retrieve.php？ pdfid=460。

70. 安德鲁·罗伯茨：《1900年以来讲英语的人的历史》，2006年。

71. 费利克斯·罗哈廷：《大胆的努力：我们的政府怎样建设了美国，为何现在必须重建》，西蒙与舒斯特出版社，2009年2月24日。

72. 贾米尔·萨尔米：《创建世界一流大学的挑战》，世界银行，2009年。

73. 贾米尔·萨尔米：《大学何以伟大？》，见《福布斯杂志》，2009年8月10日。

74. 安纳利尔·萨克森安：《美国的新移民企业家》，伯克利大学出版社，2007年1月。

75. 本·辛芬德费尔：《新丝绸之路：崛起的阿拉伯世界如何逐渐摆脱西方并重新发现中国》，帕尔格雷夫麦克米伦出版社，2009年4月。

76. 罗伯特·索洛：《对经济增长理论的贡献》，见《经济学季刊》70（1）：65-94.1956年。

77. 约瑟夫·斯蒂格利茨和琳达·比尔默斯：《三万亿美金的战争：伊拉克战争的真正成本》，W.W. Norton & Co.，2008年。

78. 克里斯托弗·J·塔萨瓦，《二战中的美国经济》：http：//eh.net/encyclopedia/article/tassava.WWII。

79. 约翰·桑顿《千呼万唤：中国民主前景》，外交关系理事会，《外交关系》，2008年1-2月。

80. 《联合国教科文组织科学报告》，联合国教科文组织出版，2005年：http://www.unesco.org/science/psd/publications/science_report2005.pdf。

81. 联合国人口统计数字：http://www.un.org/popin/。

82. 美国商务部经济分析局：www.BEA.gov。

83. 美国专利和商标局（USPTO）：http://www.uspto.gov/。

84. 世界银行：《2008年世界发展指标》，2008年4月。

85. 保罗·扎罗文：《纽约大学斯特恩商学院教授关于安然公司崩溃数据的简报》：http：//pages.stern.nyu.edu/~pzarowin/Class%20Slides/SPEs.ppt。

Copyright © 2010 by Dambisa Moyo
Translation Copyright in the Chinese language (simplified characters) © 2011, by ALPHA Books Company Inc.–a member of Chongqing Publishing Group, Mainland China excluding Hongkong, Macao and Taiwan.
All rights reserved.

版贸核渝字（2011）第125号

图书在版编目(CIP)数据

西方迷失之路/莫约（Moyo，D.）著；李凌静，肖建译.
-重庆：重庆出版社，2011.7
ISBN 978-7-229-04193-9

Ⅰ.①西… Ⅱ.①莫… ②李… ③肖… Ⅲ.①世界经济—研究 Ⅳ.①F11

中国版本图书馆CIP数据核字（2011）第109550号

西方迷失之路
HOW THE WEST WAS LOST
丹比萨·莫约 著
李凌静 肖建 译

出 版 人：罗小卫
策　　划：华章同人
责任编辑：陈建军　王　水
特约编辑：杨　霄　刘祥英
营销推广：杨　霄　唐佳洁

重庆出版集团
重庆出版社　出版
（重庆长江二路205号）
北京温林源印刷有限公司　印刷
重庆出版集团图书发行公司　发行
邮购电话：010-65584936
E-mail：haiwaibu007@163.com
全国新华书店经销

开本：787mm×1092mm　1/16　印张：15.25　字数：260千
2012年1月第1版　2012年1月第1次印刷
定价：34.80元

如有印装质量问题，请致电023-68706683

版权所有，侵权必究